MAISON

DE

GICQUEL

PARIS. — Impr. J. CLAYE. — A. QUANTIN et C⁴, rue Saint-Benoît. [677[

MAISON

DE

GICQUEL

NOTICE HISTORIQUE ET GÉNÉALOGIQUE

PAR

J. NOULENS

PARIS

J.-B. DUMOULIN, LIBRAIRE-ÉDITEUR

13, QUAI DES GRANDS-AUGUSTINS

1877

GICQUEL

Marquis et comtes du Nédo, seigneurs de la Lohière, de Kerrel, de la Lande, du Fresche, des Chartreux, de la Ville-Bourno, des Chateaux, du Prério, de la Bruchaie, de l'Écluse, des Touches, de Kerdreau, de Beausemaine, de Kermainguy, du Nédo, de Coetdubras, de Kerloguen, de Saint-Malo, de Kerhais, de Rucazre, de Kerguisien, du Bourg, de la Ville-Simon, des Rochers, du Coudray, de Lourme, de Kergars, de Kjudal, du Mirouer, du Murelien, de Triquené, de la Ville-Henri, de la Corechière, de Fougeray, de Fornet, de Launay, du Coudray, de Couetenozzo, de la Gruaudière, de Couesquin, de Caslan, etc.

BRETAGNE.

Évêchés de Saint-Malo, de Saint-Brieuc, de Vannes, de Tréguier, de Dol, de Nantes.

Armes : D'azur, au chevron d'argent, chargé de cinq coquilles de sable et accompagné de trois quintefeuilles d'argent. — *Couronne de marquis.* — Supports : *Deux lévriers.*

Saint-Allais, dans sa *Généalogie* de l'ancienne race des Gicquel, fait observer que ce nom est identique à

1

celui de *Judicaël, Iziquel, Isequel,* porté, aux vɪᵉ et vɪɪᵉ siècles, par plusieurs rois et ducs de Bretagne. L'un d'entre eux, qui vivait du temps où Dagobert régnait en France, fut canonisé sous le nom de saint Judicaël ou Gicquel et son nom fut porté par tous ses descendants. Une tradition, que nous rappellerons, sans la garantir, dans cette étude basée sur une authenticité rigoureuse, fait remonter l'origine des Gicquel à ces maîtres et confesseurs primitifs de la Bretagne dont l'existence se perd dans la brume des âges. Nous renvoyons ceux qui voudraient s'édifier sur la valeur de cette légende à la *Vie des saints de Bretagne* par Albert le Grand. Pour notre part nous nous bornerons à constater que les Gicquel apparaissent avec un grand rôle historique, dans les annales de leur province, dès le commencement du xɪɪɪᵉ siècle.

D'après l'auteur du *Nobiliaire universel,* le chevron, chargé de cinq coquilles de sable », aurait été ajouté aux armes originelles des Gicquel au temps des croisades. Quelques-uns d'entre eux y prirent part et introduisirent dans leur blason les coquilles, symbole du pèlerinage outre-mer et en terre sainte.

Les armes ci-dessus gravées sont conformes à celles que l'on retrouve dans de vieux sceaux de Jean Gicquel, évêque de Rennes, en 1237. Cette similitude a été remarquée, avant nous, par Saint-Allais en son *Nobiliaire universel,* tome XIII, page 41. Nous avons expliqué plus loin, page 63 de cette notice, pourquoi les Gicquel des Touches, quoique sortis de la branche de Kerrel, reprirent les armoiries primitives de leur race.

Guy le Borgne en son *Armorial breton,* p. 94, décrit ainsi les armes des Gicquel, sieurs de Beausemaine :
« GICQUEL DE BEAUSEMAINE : *D'argent, à une fasce nouée de gueules, accompagnée de trois quintefeuilles percées de mesme.* » Le même héraldiste nous donne aussi celles des Gicquel, sieurs de Rucazre et de Kerguizien, en Plouisy, qui étaient : *D'azur, au chevron d'argent, chargé de cinq coquilles de sable, accompagné de trois roses d'argent,* 2 *et* 1. Ces armes et les précédentes sont les mêmes que celles des Gicquel, sieurs des Touches.

Nous démontrerons un peu plus loin que la diversité des armes ne préjudicie aucunement à l'unité de race et à la communauté d'origine.

JEAN GICQUEL, évêque de Rennes en l'an 1237, était fils de Jean Gicquel [1], seigneur de la Lohière ou la Holière, paroisse de Guer, au diocèse de Saint-Malo. Ce prélat venait monter sur ce siége, en remplacement

---

1. « GUER... Ce territoire renferme les maisons, terres et hôtels nobles sui-
« vants : en *1200,* la Holière à JEAN GICQUEL, *qui eut un fils nommé* JEAN, *évêque de*
« *Rennes* en 1237, lequel fit le voyage de la terre sainte en 1250. Joinville rap-
« porte que ce prélat se signala beaucoup dans le combat que les croisés livrè-
« rent aux Sarrasins. Il mourut au mois de novembre 1257, ou, comme nous
« comptons aujourd'hui, 1258. » (*Dictionnaire historique et géographique de la
province de Bretagne,* par Ogée, nouvelle édition, 1855, in-4°, t. Ier, p. 318.)

de Josselin, décédé, lorsque Pierre de Dreux, duc de
Bretagne, abdiqua en faveur de son fils Jean Ier, dit le
Roux [1]. Ce dernier, après être allé prêter serment de
fidélité au roi de France, s'empressa de regagner
Rennes, sa capitale, où il se fit sacrer et couronner par
Jean Gicquel, qui lui remit l'épée et la bannière, insignes
du pouvoir ducal [2]. A cette solennité politique et religieuse assistèrent les évêques de Dol, de Nantes, de
Vannes, de Saint-Malo, de Quimper, de Saint-Brieuc et
de Léon, ainsi que Guyomarch, vicomte de Léon, Hervé
de Léon, son fils, Alain, vicomte de Rohan, Henri
d'Avaugour, comte de Goello, André de Vitré, Alain,
fils de Conan d'Avaugour, Hervé de Léon, seigneur de
Noyon. Tous ces dignitaires de l'Église et grands seigneurs, à la fin de la cérémonie, déposèrent leurs hommages aux pieds du nouveau duc [3]. Guillaume de la
Guerche, après avoir édifié le monastère de Fontaine-
Harvys, abandonna, en 1238, aux religieux, pour leur
usage particulier, tout le bois mort de la forêt de la
Guerche et de Radan, ainsi que la faculté de couper les
arbres ou les rameaux verts dont ils pouvaient avoir
besoin pour leurs constructions ou les palissades de
vignes. Cette libéralité pieuse fut validée et confirmée

1. *Dictionnaire historique et géographique de la province de Bretagne,* par
Ogée, t. Ier, p. 318.
2. *Idem,* t. II, p. 508.
3. *Ibidem,* t. II, p. 463. (Voir, aux *Preuves,* p. 113-114, DOCUMENT I.)

par des lettres de Jean Gicquel, évêque de Rennes, qui sont parvenues jusqu'à nous. Elles ont été en effet enregistrées dans les *Mémoires* destinés à justifier « l'histoire de Bretagne par Dom Morice », tome I, p. 207 [1]. La même année, Geoffroy de Pouancé, coseigneur de la Guerche, comme le précédent, jaloux d'imiter son exemple, voulut augmenter les redevances d'une chapelle et d'un anniversaire institués dans le couvent de Fontaine-Harvis par Geoffroy de Montfort. Le sire de Pouancé accorda, sous forme d'élémosine perpétuelle, au prieur dudit couvent la faculté de faire paître ses bestiaux dans toute l'étendue de ses terres boisées. Il concéda, en outre, aux moines les franchises et immunités octroyées aux habitants dudit fief. Cette œuvre de bienfaisance fut accomplie l'an de grâce 1238, en présence de Jean Gicquel, évêque de Rennes, èt consacrée par une charte émanant du même prélat [2] dont la formule initiale était celle-ci : « Universis Christi « fidelibus, ad quos presens carta pervenerit, *Johannes* « (*Gicquel*) Dei gratia Redonensis episcopus, salutem in « Domino. » (Voir *Preuves,* page 116, DOCUMENT III.) L'intervention de Jean Gicquel pacifia, en 1240, le différend survenu au sujet de la maison de Francherolle, entre le prieur de Berré et Guillaume de Fontenay, mari

---

1. *Histoire de Bretagne* par Dom Gui Alexis de Lobineau, t. Ier, p. 237. — (Voir, aux *Preuves,* page 115, DOCUMENT II.)

2. *Idem.*

d'Agnès, fille de Gauran de Vitré [1]. On retrouve Jean
Gicquel, en 1243, à la fondation de la chapellenie de
Saint-Martin qui fut l'œuvre des seigneurs de la Guerche
et de Pouancé [2]. Après un premier voyage en Pales-
tine, monseigneur André de Vitré était revenu en
France, où Thomasse sa femme lui avait donné plusieurs
filles. En 1248, entraîné de nouveau par l'élan chevale-
resque et l'ardeur religieuse qui poussait les peuples
occidentaux vers l'Orient, il résolut de retourner en
terre sainte pour combattre les infidèles. Avant son
départ et après avoir pris toutes les dispositions exi-
gées par la longueur et les besoins d'un tel voyage, il
régla, en cas de mort, ses volontés posthumes et désigna
pour les exécuter Robert de Vitré, son frère, monseigneur Jean Gicquel, évêque de Rennes, Bonabes de
Rougé [3], etc. Jean Gicquel s'embarqua aussi avec Robert
de Vitré et autres seigneurs bretons qui étaient venus re-

1. *Accord entre le prieur de Berré et Guillaume de Fontenay.*

ANNÉE 1240.

« JOHANNES (GICQUEL), episcopus Redonensis, etc. Guillelmus de Fontenaio,
miles, maritus Agnetis, filiæ domini Gorantonis de Vitreio, militis, dimisit, conten-
tionem quam habebat adversus Johannem, priorem de Bereio, possidentem domum
« de Franchollа quæ collata fuerat ab antecessoribus suis, etc. Anno MCCXL. » *Pris
sur l'original* à Marmoutiers. (*Mémoire pour servir de preuves à l'Histoire de
Bretagne*, par Dom Morice, t. I, col. 918.)

2. *Dictionnaire historique et géographique de la province de Bretagne*, par
Ogée, t. II, p. 508.

3. *Histoire de Bretagne*, par Le Baud. — *Les Chroniques de Vitré*, p. 44. —
(Voir, aux *Preuves*, page 117, DOCUMENT IV.)

joindre saint Louis et le comte d'Anjou à Aigues-Mortes.
D'après plusieurs auteurs qui déclarent avoir emprunté
le fait aux *Mémoires* du sire de Joinville, l'évêque de
Rennes se distingua dans plusieurs engagements des
croisés contre les Sarrasins [1]. En l'année 1247, il confirma la donation faite à Orfrésie, fille de Geoffroy de
Moucon, chevalier, par Guillaume de Montbourcher, à
son lit de mort. Cette cession se rapportait à la dîme
de Breuz [2]. Le *Gallia christiana* [3] a commis une erreur en
indiquant l'année 1257 comme celle de la mort de Jean
Gicquel, car il existait encore au commencement de la

1. *Dictionnaire historique et géographique de la province de Bretagne*, par
Ogée, t. I, p. 318 ; t. II, p. 508. — *Nobiliaire et Armorial de Bretagne*, par
P. Potier de Courcy, deuxième édition, t. I, p. 356. — *Histoire généalogique de la
maison de Ploeüc*, par Denis de Thezan, gr. in-fol., p. 26. — *Histoire ecclésias-
tique et civile de Bretagne*, par Dom P. H. Morice, continuée par Dom Charles
Taillandier, t. XVII, p. 35-36.

2. *Cartulaire de l'abbaye de Saint-Georges de Rennes*, publié par Paul de la
Bigne.—Villeneuve, 1877, in-8°, p. 225. (Voir, aux *Preuves*, page 118, DOCUMENT V.)

3. *Le Gallia christiana*, t. III, p. 298-929, mentionne Jean Gicquel parmi ceux
qui combattirent en Égypte et fixe sa mort au 11 novembre 1257.

« JOANNES GICQUEL I. 1235 pugnavit in Egypto adversus Sarracenos cum Gal-
« tero Japhensi comite, 1250. Teste Joinvilleo : mortuus 11. novembris 1257. »

Dom Morice est bien plus exact quand il fait trépasser Jean Gicquel, évêque de
Rennes, le 15 janvier 1258 :

» JEAN GICQUEL confirma, l'an 1247, les chanoines de Montfort en la possession
« du patronage de l'église de Cons, comme avait fait Josselin son prédécesseur.
« Joinville nous apprend que cet évêque fit le voyage de la terre sainte l'an 1250,
« et qu'il se signala dans les combats que les croisés livrèrent aux Sarrasins. Il
« fit son testament le vendredi après l'Épiphanie, l'an 1258, et fonda un anniver-
« saire dans son église cathédrale. Sa mort est marquée au 15 de janvier dans le
« nécrologe de la même église. »

« Gilles ratifia, au mois d'octobre 1258, le testament de Jean Gicquel, son pré-
« décesseur. » (*Histoire ecclésiastique et civile de Bretagne*, par Dom P.-H. Morice,
continuée par Dom Charles Taillandier, t. XVII, p. 35-36.)

suivante. Par son testament du vendredi, qui suivit l'Épiphanie de 1258, il institua un anniversaire dans la cathédrale de Rennes, fondation qui fut confirmée, au mois d'octobre 1259, par Gilles, son successeur sur le siége de Rennes. Le nécrologe de l'église susdite porte que Jean Gicquel rendit son âme à Dieu le 15 janvier de l'an 1258, c'est-à-dire peu de jours après avoir testé [1]. Il portait, dit Saint-Allais, *D'azur, au chevron d'argent, chargé de cinq coquilles de sable et accompagné de trois quintefeuilles d'argent.* Ces armes sont encore celles des représentants actuels de cette maison [2], c'est-à-dire des Gicquel des Touches.

GUILLAUME GICQUEL, chapelain de l'évêque de Dol, déposa, dans une enquête de l'an 1238, à l'occasion du fait ci-après : Normand de Quebriac, maréchal du comte de Bretagne, et les siens avaient molesté, malmené et pressuré les gens de l'évêque de Dol, ainsi que les chanoines et les bourgeois de ladite ville. Mathieu de Beauvais et sa bande s'étaient en outre jetés comme des oiseaux de proie sur la même population et avaient trouvé moyen de la rançonner de nouveau et de ruiner des ruines. Ces pillards avaient quitté la malheureuse cité chargés comme des porte-balles, pliant

---

1. *Dictionnaire historique et géographique de la province de Bretagne,* par Ogée, t. I, p. 318. — Le livre obituaire de la cathédrale de Rennes, d'après Dom Morice (*Histoire de Bretagne,* t. XVII, p. 35-36), place la mort de Jean Gicquel au 15 janvier 1258.)

2. *Nobiliaire universel,* par Saint-Allais, t. XIII, p. 40.

sous le butin et amenant des chars de vin et de blé avec un trésor de 2,000 livres. Ce qui aggravait la nature de ces barbaries et de ces spoliations, c'est qu'elles avaient eu lieu pendant la trêve. Plaintes et remontrances avaient été adressées par le comte de Boulogne au duc de Bretagne, qui avait promis réparation et restitution, mais qui n'avait point tenu sa parole. L'évêque de Dol intervint et une enquête fut ordonnée pour l'examen des dommages et des griefs. Dans le groupe des témoins mandés et entendus dans cette circonstance on distingue : Renaud, abbé de la Vieuville, Guillaume Loche, chevalier, l'abbé de Tronchet, Simon, prieur de Combourg, Guillaume Gicquel, chapelain de monseigneur Jean de Dol [1].

Les Gicquel s'éclipsent ensuite pendant près d'un siècle. En l'année 1320, Guy de Bretagne, seigneur de Penthièvre, qui tenait la vicomté de Limoges, avait baillé en ce pays de vastes domaines à Simon de Montbourcher pour reconnaître ses services. Celui-ci ayant été dépouillé de ces donations, le prince l'indemnisa en lui assignant deux cents livres de cens sur des tènements appartenant à GEOFFROY, ALAIN et ÉTIENNE GICQUEL [2].

GUILLAUME GICQUEL demeura longtemps attaché

1. *Histoire de Bretagne*, par Dom Gui Alexis Lobineau, t. II, p. 387. (Voir aux *Preuves*, page 119. DOCUMENT VI.)

2. *Mémoires pour servir de Preuves à l'Histoire de Bretagne*, par Dom Morice, t. I, p. 1288-1289. (Voir aux *Preuves*, page 121, DOCUMENT VII.)

à la personne de Jeanne de Penthièvre, duchesse de
Bretagne, en qualité de secrétaire intime et de conseiller
d'État. Il apparaît dans cette double fonction dès 1351[1].
Thomas de la Marche, cousin de Charles de Blois, avait
vaillamment défendu la cause de ce prince contre
son ennemi, le comte de Montfort. Aucune indemnité ne lui avait encore été allouée pour l'entretien
de sa compagnie et ses frais de chevauchée. Jeanne,
duchesse de Bretagne et femme de Charles de Blois,
voulant récompenser les bons offices de ce serviteur
modèle, lui délivra, le 11 août 1357, des lettres d'ordonnancement qui lui permettaient de recouvrer ses
déboursés et sa solde. Ces lettres, scellées d'un écu
mi-parti de Bretagne et de Penthièvre, sont contre-signées par Guillaume Gicquel [2].

GEORGES GICQUEL, frère de Guillaume précité,
tenait, vers l'année 1355, auprès de Charles de Blois,
duc de Bretagne, la charge de trésorier ducal [3] et
de surintendant de l'hôtel des monnaies à Rennes.
Le prince lui adressa, le 1er juillet 1357, des lettres
conservées dans les archives domestiques de M. Albert-
Auguste Gicquel, vice-amiral. Ces lettres se rapportent
à l'acquittement de la rançon de Charles de Blois. La

1. *Nobiliaire universel*, par Saint-Allais, t. XIII, p. 40-41.

2. *Mémoires pour servir de preuves à l'Histoire de Bretagne*, par Dom Morice,
t. I, p. 1520. (Voir, aux *Preuves*, page 122, DOCUMENT VIII.)

3. *Nobiliaire universel*, par Saint-Allais, t. XIII, p. 40.

somme destinée à sa délivrance avait été fournie en vaisselle d'or et d'argent par l'abbé de Sainte-Melaine, auquel le duc avait cédé en compensation certains prélèvements sur diverses taxes et sur son droit de monnayage. Georges Gicquel, en sa qualité de receveur général du duc, fut chargé de réaliser les revenus et de les remettre aux moines de Sainte-Melaine, comme on peut le voir par l'extrait ci-après :

« Charles, duc de Bretagne, vicomte de Limoges,
« seigneur de Guyse et de Ardenc, à nostre amé vallet
« GEORGES GICQUEL, nostre receveur général de Bretagne,
« gallon au mestre de nostre monoye de Rennes et
« aux trésoriers et collecteurs de nos imposicions de
« nostre ville et païs de Rennes, salut : pour le grand
« nécessaire de chevance que nous avons à payer
« nostre rançon, avons eu et receu et pris à présent de
« nostre très cher amé et féal conseiller l'abbé de
« Saint-Mélaine de Rennes, en vessellement et autres
« pièces d'or et d'argent, jusques au montent et vallue
« de deux mille escuz d'or de Jahan, des biens de sa
« dite abbaye et ad fin d'en estre satisffaiz et paiez le
« plus présentement que l'on pourra, par quoy le dict
« monsieur de Saint-Mélaine et ses religieux ne soient
« destituez de leurs ajournements et chevance, pour
« l'avisement de nostre grand conseil, les avons ajour-
« nez et assignez de aider le paiement de ladite somme
« assavoir estre : mil escuz sur les émolumenz de noz

« dictes impositions . . . . . . et les autres mil escuz
« sur le profit à nous appartenant sur les dictes mo-
« noye selont et des à présent deus. . . . .

« . . . . lesquelles choses
« comme dict estre obligeons audict abbé et couvent,
« jusques à tant qu'ils en soient entièrement paiez et
« satisffaiz nonobstant quelconques ordonnances def-
« fenses, assignations, lettres ou mandements, faiz ou
« affère pour nous ou nostre compaigne la duchesse,
« ne autre au contraire pour quelconque somme ou
« maniere que ce soit. Pourquoy nous vous mandons
« et estroitement commandons à vous et à chacun de
« vous sur la foy et serment que vous et chacun de
« vous nous avez fait . . . .

« . . . . . vous paiez au dict abbé et couvent ou
« à leur franc message, portant ces lettres pour toute
« procuration, les deux mille escuz de Jahan ou la value
« en nostre monoye. . . . .

« . . . . . et ad fin que ces choses soient tenues
« et gardées fermement sanz enfreindre et sanz mal
« anging nous les garantiçons et promettons en bonne
« foy se tenir et accomplir, et pour plus diligemment
« et présentement les exéguter, vous, GEORGES, nostre
« général receveur, par notre commandement, les avez
« promises et jurées sur les SS. Évangiles fere avan-
« cier et avancier les dits paiemenz à tout vostre pou-
« voir sanz débat, empêchement, etc.

« Fait et donné à Rennes le premier jour de janvier
« mil trois cent cinquante sept [1]. »

Au bas est écrit :

« *Par monseigneur le duc en son grand conseil auquel
estoient les évéques,* etc. »

Georges Gicquel remplissait encore les mêmes
fonctions financières auprès de Charles de Blois, le
15 avril 1358, ainsi qu'il appert de lettres analogues
aux précédentes. A cette date, en effet, le duc et la
duchesse de Bretagne le commirent de nouveau pour
donner aux religieux de Sainte-Melaine d'autres garanties effectives jusqu'à parfait remboursement de la
somme de deux mille écus, affectés par le monastère
au rachat de Charles de Blois [2].

JEAN-RAOUL GICQUEL est mentionné dans l'*Histoire
de Bretagne* par Dom Lobineau, comme champion de
Charles de Blois et par conséquent du roi de France.
Il comparaît, le 6 décembre 1356, à la revue passée
au Mans par Jean Raguenel, vicomte de la Bellière,
faisant pour Foulques de Laval, lieutenant général
d'Anjou et du Maine, demeuré fidèle au parti national
après le désastre de Poitiers. Les compagnons d'armes
de Jean-Raoul Gicquel étaient : Pierrot Le Coz, Macé

---

1. Archives de M. Albert-Auguste Gicquel des Touches, vice-amiral et préfet
maritime à Lorient. Original en parchemin.

2. Archives domestiques de M. Albert-Auguste Gicquel des Touches, vice-amiral
et préfet maritime à Lorient. Original en parchemin.

Paisant, Guillaume de Halley, Jehan Boises, Olivier
Trottier, Jehan don Perrin, Olivier du Fail, Bonabes
Danac, Guillaume de Maynant, Olivier du Guesclin,
Amaury de Montgermont, le seigneur de Pois, Perrin
Broche, Jehan de S. Nervé [1], etc.

ALAIN GICQUEL, écuyer, était aux champs en 1357
sous les ordres de Jean, sire de Beaumanoir, et fut
passé en revue avec sa compagnie par son illustre chef
en 1358 [2]. Charles de Blois, fils de Marguerite, sœur
de Philippe VI, dit de Valois, avait épousé Jeanne de
Penthièvre, fille de Gui, nièce et héritière de Jean III,
duc de Bretagne. Ce dernier prince, en retour de la
transmission faite à Charles de Blois, lui avait imposé
de prendre le nom et les armes de Bretagne. En 1341,
à la mort de Jean III, un de ses autres frères cadets,
Jean de Montfort, revendiqua sa succession concurrem-
ment avec Charles de Blois. Les deux compétiteurs, sou-
tenus l'un par la France, l'autre par l'Angleterre, recou-
rurent aux armes pour vider leur querelle et engagèrent
une lutte qui dura vingt-trois années. Elle se termina, en
1364, par la bataille d'Auray, où Charles de Blois suc-
comba avec l'élite des seigneurs bretons. Michelet, qui
a fait de ce grand combat un brillant et émouvant récit,
rapporte que « les deux prétendants combattaient en

---

1. *Histoire de Bretagne*, par Dom Gui-Alexis Lobineau, t. I, p. 348, et t. II,
p. 496. (Voir, aux *Preuves*, p. 123, DOCUMENT IX.)

2. SAINT-ALLAIS, *Nobiliaire universel*, t. XIII, p. 41.

« tête. C'était un duel sans quartier. Les Bretons
« étaient las de cette guerre, et voulaient en finir par
« la mort de l'un ou de l'autre. La réserve de Chandos
- « lui donna l'avantage sur du Guesclin, qui fut porté
« par terre et pris. Tout retomba sur Charles de Blois :
« sa bannière fut arrachée, renversée, lui-même tué.
« Les plus grands seigneurs de la Bretagne s'obsti-
« nèrent et se firent tuer aussi.[1] » Nous trouvons dans
l'*Histoire généalogique de la Maison de Ploëuc* par M. Denis
de Thézan, page 55, un relevé des noms des principaux
champions qui combattirent sous les deux bannières
ennemies. On trouve, du côté de Charles de Blois, les
suivants : Guy d'Aspremont, Raoul, sire d'Aubigné,
Colin d'Audigier, Guillaume, seigneur d'Avaugour,
Robert de Beaumanoir, maréchal de Bretagne, Jean,
son neveu, capitaine du fameux tournoi des trente en
1351 et fait prisonnier à Auray, Robert de Beaucé,
chancelier de Philippe de Valois, Robert et Roland de
Beaumont, le sire de Briquebec, maréchal de France,
Geoffroi de Botloy, capitaine de Guingamp, Jean de
Châteaugiron, capitaine de Vannes, Even Charuel, chevalier banneret, Gauthier ou Garnier de Clisson, capitaine de Brest, Roland de Coëtelez, secrétaire de Charles
de Blois, le vicomte de Coëtmen, Amaury de Craon,
Roland, vicomte de Dinan, Gui, vicomte du Fou, Ber-

1. *Histoire de France*, par Michelet, t. III, p. 441.

trand du Guesclin, fait prisonnier, Bertrand Gouyon, son porte-pennon, Hervé de Keraleu, commandant des archers, Henri de Kercado, Eonnet, Yvon et Jean de Kergolay, Geoffroi de Kerimel, chevalier, Galois de la Baume, maître des arbalétriers de France, lieutenant pour le roi en Bretagne, Geoffroi de la Lande, chambellan de Charles de Blois, Guy, Foulques et Jean de Laval, Hervé, vicomte de Léon, Henri de Lorgeril, Renaud et Olivier de Montauban, Guillaume, sire de Penhoët, gouverneur de Rennes, Rolland Phelippe, sieur de Coëtgoureden, sénéchal de Bretagne, Geoffroi et Guillaume de Plœuc, Henri Prevost, garde des sceaux de Charles de Blois, Guillaume Raguenel, vicomte de la Bellière, Jean, vicomte de Rohan, Bonabes de Rougé, chevalier banneret, et plusieurs autres membres de sa famille, Jean de Tinténiac, l'un des héros du combat des trente, et enfin Alain Gicquel, sans compter une infinité d'autres.

ROBERT GICQUEL appartenait à l'armée d'Olivier de Clisson et à la compagnie de neuf écuyers mise sur pied et passée en revue en Périgord, le 1er avril 1375, par Guillaume Botier, écuyer [1]. Dans une autre montre du même capitaine, faite à Tulle le 1er juin 1376, on voit reparaître Robert Gicquel [2]. Ce dernier,

1. *Mémoire pour servir de preuves à l'Histoire de Bretagne,* par Dom Morice. T. II, p. 173.

2. *Collection de Clairembault, mélanges,* registre coté 1005, folio 515. Cabinet des titres, Bibliothèque de Richelieu.

de même que Guillaume, Hervé et Pierre Gicquel, ses parents, entra dans la coalition des nobles et des bourgeois qui avait pour but de préserver l'indépendance de la Bretagne, menacée par le roi de France [1].

PERRIN GICQUEL, Guillaume d'Hermanville et Guillaume de Lombertes, faisaient partie de la garnison de Lehon lorsque Jean de Saint-Riou, commandant de cette place, fit montre de sa troupe, le 1er novembre 1380, devant le généralissime des forces bretonnes [2].

JEAN GICQUEL prêta serment de fidélité le 25 mars 1383. A cette date, Jean, duc de Bretagne, comte de Montfort et de Richemont, fut mis en possession réelle de la châtellenie de Machecoul et des autres fiefs mouvants de la baronnie de Raiz, dont il était seigneur, haut justicier et dominant, par Gérard Goyon, fondé de pouvoir de Jeanne de Raiz, fille de Gérard de Raiz et dame dudit lieu de son nom. L'autorité suzeraine appartenait au duc, en vertu d'un droit ancien, prouvé par des lettres scellées qui furent produites à cette occasion. A l'instar de la seigneuresse principale, tous les vassaux, relevant de la baronnie de Raiz, jurèrent féauté au grand feudataire de Bretagne [3]. Dans le

1. *Nobiliaire universel,* par Saint-Allais, t. XIII, p. 40-41.
2. *Mémoire pour servir de preuves à l'histoire de Bretagne*, par Dom Morice, t. II, p. 263. — *Nobiliaire universel,* par Saint-Allais, t. XIII, p. 40 et 41. (Voir, aux *Preuves,* pages 123 et 125, DOCUMENTS X et XI.)
3. *Histoire de Bretagne,* par Dom Gui Alexis Lobineau, t. II, p. 636. (Voir, aux *Preuves,* DOCUMENT XIII, p. 126.)

groupe des hommagers on remarque Guillaume Blan-
chard, chevalier, Brient de Montfort, Bertrand de
Brin, Éléonore de Montfort, dame de Pont, Geoffroy de
Botereau, Milet de Machecoul, JEAN GICQUEL. (Voir,
aux *Preuves*, page 126, DOCUMENT XII.)

JEAN GICQUEL, prêtre et chapelain, fonda
dans l'église Notre-Dame de Nantes une chapelle
obituaire qu'il dota d'un calice doré en 1408 et
d'une somme de 40 écus d'or pour le *salve Regina*
en 1411[1].

MAURICE GICQUEL, sieur de Kerguizien, et HERVÉ
GICQUEL sont cités comme apanagés de biens nobles
dans les paroisses de Plouisy et de Ploumagoer, en
l'évêché de Tréguier, dans la réformation de 1427[2].
Hervé Gicquel coopéra activement au siége de Pouancé
en 1432[3], et prêta serment de fidélité au duc de Bretagne en 1437, avec tous les nobles de Tréguier et de
Goella[4].

En 1427 et dans le même diocèse on voit apparaître, parmi les nobles de la châtellenie de Lannion,
ROLLAND et GICQUEL. Rolland avait aussi des
biens nobles dans la juridiction de Pommeret, évêché

---

1. *Église royale et collégiale de Notre-Dame de Nantes...* par Stéphane de
la Nicollière, 1865, in-4o, p. 385.

2. *Réformation des évêchés de Bretagne*, fonds français, no 22,321, vol. I, p. 41,
cabinet des titres, bibliothèque de Richelieu.

3. *Histoire de Bretagne*, par Dom Gui-Alexis Lobineau, tome Ier, p. 592.

4. *Idem*, p. 1051. (Voir, aux *Preuves*, page 127, DOCUMENTS XIV et XV.)

de Saint-Brieuc, à proximité de ceux de GEOFFROY GICQUEL, qui vivait en 1459 [1].

JEAN GICQUEL, sieur de Launay, paroisse d'Effendic, évêché de Saint-Malo, SIMON GICQUEL, sieur de la Belinaye, juridiction de Ploumelin, dénombrèrent en 1427 pour leurs possessions respectives [2].

RAOUL GICQUEL, protonotaire apostolique, souscrivit, en 1481, des lettres de sauvegarde données par François, duc de Bretagne, à Pierre d'Urfé, son grand écuyer et chambellan, qui se rendait à Rome pour obtenir la faveur d'aller combattre contre les Turcs [3].

GUILLAUME GICQUEL est inscrit en 1513 au nombre des exempts et des nobles de la paroisse de Morzelle en l'évêché de Dol [4].

JEAN GICQUEL, sieur de Fougeray et de Fornet, paroisse d'Evran, diocèse de Saint-Malo, fit aveu devant les commissaires de la couronne pour les dépendances de sa seigneurie en ladite année 1513 [5].

---

1. *Réformation de la noblesse de Bretagne*, vol. I., catalogué H, 1875 A, bibliothèque Mazarine, mss.

2. *Évêché de Saint-Malo*, reproduction d'un manuscrit ayant appartenu à M. Cunat, documents inédits publiés par M. Henri Des Salles, p. 126.

3. *Histoire de Bretagne*, par Dom Lobineau, t. II, p. 1397. (Voir, aux *Preuves*, page 129, DOCUMENT XVI.)

4. *Réformation de la noblesse de Bretagne*, vol. III, catalogué H, 1875 A, article Karrel, bibliothèque Mazarine, mss.

5. *Évêché de Saint-Malo*, anciennes réformations, documents inédits publiés par M. Henri Des Salles, p. 126.

FILIATION

I.

GUILLAUME GICQUEL est mentionné comme ancêtre direct d'Olivier Gicquel (qui va personnifier le troisième degré) dans les preuves de noblesse, faites devant la chambre de réformation de Bretagne, le 29 mai 1669, par Pierre Gicquel, seigneur du Nédo, chanoine de la cathédrale de Vannes, et ses frères Sébastien et Jean, le premier sieur de Kermainguy et le second de Caslan [1]. Les Bretons partisans du roi de France demandèrent à leur duc l'expulsion des Anglais qui tenaient garnison dans le pays. Sur son refus les réclamants se mirent à la disposition de

---

[1]. Extrait des registres de la chambre établie par le roy pour la réformation de la noblesse du pais et duché de Bretagne par lettres patentes de Sa Majesté du mois de janvier mille six cents soixante et huit vérifiés en parlement. Cahier en papier grand in-4° de vingt cinq roles, dossier Gicquel, fonds bleu, bibliothèque de Richelieu, cabinet des titres.

Charles V et s'obligèrent à combattre sous sa bannière.
Froissard nous apprend que les sires de Laval, de Tournemine, d'Avaugour, de Rochefort, de Rieux, de Ruillé,
de Fonteville, de Granville, de Hambie, de Denneval,
de Clères, le vicomte de Rohan, le maréchal de Blain-
ville et plusieurs autres bannerets de Bretagne et de
Normandie vinrent attaquer la place de Bécherel, gar-
dée et défendue par Jean Appert et Jean de Cornouailles
qui résistèrent héroïquement à tous les assauts. Dom
Lobineau prétend que le siége de Bécherel par le sire
de Laval et le vicomte de Rohan eut lieu en 1371 et
non pas en 1373. Charles V envoya aux assiégeants des
renforts commandés par Olivier de Montauban et
Amaury de Fontenay. Sous ces deux chefs servaient :
du Chatelet, Melèce, la Feillée, Frezeau, Beloczac, le
Vayer, du Houx, la Fouchaïe, la Chasteigneraie, Bertrand de Beaumont, des Aunois et Gicquel (Guillemot
ou Guillaume) [1]. Celui-ci, après avoir fait montre à
Pont-Audemer, le 14 juin 1378, reçut, pour lui et trois
écuyers ses servants, la somme de cent livres tour-
nois [2]. En 1365 la maison de Blois céda tous ses

1. *Histoire de Bretagne*, par Dom Gui-Alexis Lobineau, t. I, p. 405.
2. *Mémoire pour servir à l'Histoire de Bretagne*, par Dom Morice, t. II, p. 388.

14 juin 1378.

Extrait du premier compte de Jean le Flament, tresorier des guerres du roi :

Guillaume de Gicquel escuïer, et trois autres escuier receus au Pontaudemer,
le 14 juing, à lui C liv. tourn.

droits à celle de Montfort par le traité de Guérande, qui mit fin à la guerre de succession de Bretagne. Cette convention fut ratifiée, le 20 avril 1381, par les grands feudataires du duché et notamment par Bertrand Cornel, Perrot du Tronchet, Olivier de la Hercedoyère, Guyon Guenoux, Jean Capelle, Robert le Moyne et Guillaume Gicquel [1].

Guillaume Gicquel était au nombre des grands seigneurs bretons qui conclurent en 1379 avec les bourgeois de Rennes un traité d'alliance offensif et défensif pour repousser l'invasion étrangère. Les nobles et ceux du tiers prirent l'engagement mutuel et solennel de vivre ou de mourir ensemble pour le maintien des priviléges locaux, la défense de la forteresse et des murailles de Rennes, dont la garde fut confiée à Amaury de Fontenay, qui promit de ne livrer les clefs de la ville qu'à l'héritier légitime de la Bretagne. Pour parer aux besoins de la résistance on nomma un trésorier général, qui devait percevoir les deniers du duc et le fouage de 20 sous par feu. Le P. Alexis de Lobineau en son *Histoire de Bretagne* parle de cette ligue patriotique en ces termes : « Ce n'était pas assez que les « nobles du païs de Rennes se fussent unis à ceux qui « s'opposaient à l'invasion du duché, s'ils ne s'unis- « saient entr'eux et avec les bourgeois par un traité

1. *Ut supra*, col. 276.

« particulier. C'est ce qu'ils firent le mesme jour, et
« se promirent réciproquement de s'entr'aider à la
« défense du droit ducal de Bretagne contre les étran-
« gers. Ils établirent messire Amauri de Fontenay, sire
« de la Motte au Vicomte, leur capitaine et garde de la
« ville et du chasteau de Rennes ; ils lui donnèrent
« pour associez vingt-deux gentilshommes de leur
« union, qui furent Chevigné, la Motte, Champagné,
« Montgermont, Bourdonnaie, un autre la Motte,
« Chenné, Henri, Brochard, du Gué, Saint-Pern, la
« Magnane, Beaucé, le Voyer, Bobril, Partenai, l'Eves-
« que, la Roche, Boterel, un troisième la Motte, Mahé
« et un autre Chenné, qui jurèrent tous qu'ils ne ren-
« draient la ville et le chasteau qu'avec le consentement
« de tous ceux de leur union, ou de la plus grande
« partie. Amauri et les vingt-deux autres jurèrent,
« outre cela, de vivre et de mourir ensemble à la
« garde de Rennes. Amauri de Fontenai, René de
« Blossac, Gui de Sévigné, Jean Raguenel et Alain du
« Plessiz élurent un receveur général pour les deniers
« du prince, et pour le fouage de vingt sous par feu.
« Tous ceux de cette ligue particulière promirent de
« garder et de défendre les bourgeois, et de ne point
« coucher plus d'une nuit hors de la ville, sans la per-
« mission d'Amauri de Fontenai, de ne laisser à
« Rennes aucune personne de considération, sans
« l'obliger à promettre qu'il ne ferait aucun tort, ni

« aux habitans, ni aux liguez ; et de ne consentir
« jamais à ce que la ville et le chasteau de Rennes
« fussent mis en d'autres mains que celles d'Amauri
« de Fontenai, jusqu'à ce qu'on leur eust accordé pour
« eux, leurs alliez, et leur receveur, une amnistie
« générale de tout le passé. La plupart des autres con-
« ditions de ce traité sont semblables à celles du pre-
« mier. Ces seigneurs si zélés pour la liberté de leur
« patrie estoient quatorze chevaliers qui ont esté déjà
« nommés, et cent vingt-sept escuïers, dont les plus
« remarquables sont : GICQUEL, Tréguené, Benazé,
« Channé, la Roche, Hatter, la Tousche, Chasteau-
« Letard, Preauvé, Glé, Beaucé, d'Espinai, la Bauldière,
« Corcé, de Lourme, Buris, Partenai, Mandart, le Coq,
« Tixuë [1]. »

Le serment prêté, en 1379, pour le salut de l'indépendance bretonne fut renouvelé et ratifié, le 20 avril 1381,
par François de Boulogne, Guillaume de Tournemine, Jean
de Sévigné et Guillaume Gicquel qualifiés écuyers [2].

Un ancien manuscrit, ayant appartenu à M. Cunat
et publié par M. Henri Des Salles, nous fait connaître le
nom de la femme de Guillaume Gicquel, qui s'appelait
PERRETTE BINO ; elle est dite veuve dans une nomen-

1. *Histoire de Bretagne,* par Dom Gui-Alexis Lobineau, t. I, p. 421. (Voir, aux *Preuves,* p. 123, DOCUMENT X.)

2. *Histoire de Bretagne,* par Lobineau, t. II, p. 617. (Voir, aux *Preuves,* p. 123, DOCUMENT X.)

clature des nobles qui possédait des fiefs, en 1426, dans la paroisse de Saint-Brieuc de Mauron en l'évêché de Saint-Malo [1].

De cette union provinrent :

— 1° GUILLAUME GICQUEL ;

— 2° JAMET GICQUEL, qui apparaît dans la suite des chevaliers, chevetaines et gendarmes qui escortèrent le duc de Bretagne pendant un voyage en cour de France dans l'intérêt de la pacification du royaume. On y remarque : le comte de Penthièvre inscrit pour CXX livres ; Jean de l'Isle, Jamet Gicquel, Jean de Beaumanoir, Eustache de Plumaugat, Macé de Lourme, Robert de Mélèce. Ceux-ci touchèrent aussi un mois de leurs gages à partir du 10 avril 1418 jusqu'au 10 mai suivant, des mains de Salmon Periou, argentier du prince [2]. Jamet Gicquel engendra GUILLAUME GICQUEL, auteur de la branche des seigneurs du Coudray que l'on retrouvera plus loin.

1.   « Saint-Brieuc de Mauron, 1426.

« NOBLES :

« G. Troussier, à la Gabetière, G. de Saint-Brieuc, au Pont-Menart, Le metaïer « de l'amiral, à la Villedran, PERETTE BINO, veuve G. GICQUEL. »

(Évesché de Saint-Malo, ancienne réformation, reproduction textuelle d'un manuscrit ayant appartenu à M. Cunat, publié par M. Henri Des Salles, p. 52.)

2. Histoire de Bretagne, par Dom Lobineau, t. II, p. 925. (Voir, aux Preuves, page 131. DOCUMENT XVII.).

II.

GUILLAUME GICQUEL, seigneur de la Corechière, figure parmi les nobles de la paroisse de Guignen en 1427 [1]. Hervé, son cousin, et lui apparaissent dans le groupe des nobles de l'évêché de Tréguier qui, en 1427, jurèrent foi au duc de Bretagne dans les mains d'Yvon de Roscerff, seigneur de Salles, maître d'hôtel du prince [2]. M. Gicquel rendit cet hommage en compagnie de Philippe de Coëtrieu, Henri de Quelen, Guillaume de Penhoët, Jehan le Roux, Pierre du Pré. Sa femme, dont le nom nous est inconnu, dut lui apporter les terres de Kerrel et de Kergars, car son fils Olivier en est dit possesseur dans la réformation de 1440. Quoi qu'il en soit, Guillaume Gicquel procréa :

OLIVIER GICQUEL, seigneur de Kerrel et de Kergars, qui suit.

1. *Paroisse de Guignen*, septembre 1427.

NOBLES :

« Le sire de Guiguen à son manoir de Plessis de Guignen, Raoul le Long, Pière « du Fresne, 1 met., GUILL. GICQUEL, en son hôtel de la Corechière. »

(*Évesché de Saint-Malo, ancienne reformation...* reproduction textuelle d'un manuscrit ayant appartenu à M. Cunat, publiés par M. Henri Des Salles, p. 109.)

2. *Histoire de Bretagne*, par Dom Lobineau, t. II, p. 1051. (Voir, aux *Preuves*, page 128, DOCUMENT XIV.)

III.

OLIVIER GICQUEL [1], seigneur de Kerrel et de Kergars, est mentionné, en 1441, dans un rôle de la chambre des comptes de Bretagne, parmi les nobles de la paroisse de Requigny [2]. Il est également signalé, en 1448, dans la réformation de l'évêché de Vannes en ces termes : « Ollivier Gicquel nobles homs demeurant « en son hostel de Kergars [3]. » Olivier Gicquel est dit père du ci-après [4].

1. KEREL, KERREL, ou QUEREL (François de), seigneur dudit lieu de Kergars ; (Julien), de Coëtdubras ; (Jean), de Saint-Malo ; (Jacques) de Kerhais ; (Pierre), du Nedo ; (Sébastien) de Kermainguy, évêché et ressort de Vannes. Arrêt de la réformation du 29 mai 1659, M. Huart, rapporteur.

OLIVIER GICQUEL, premier du nom, mentionné dans la réformation de 1441. GUILLAUME GICQUEL, son petit-fils, mentionné dans la réformation de 1513, épousa MARGUERITE LE MOUNIER. — NICOLAS GICQUEL, descendant au cinquième degré, prit des lettres en 1550, pour changer son nom de Gicquel en celui de Kerrel ; il épousa JEANNE du HOULLE. — Montres de 1480, 1481 et 1483.

Porte : à de gueules, la croix pleine d'argent, cantonnée de quatre cygnes de même membrés de sable.

(Armorial de Bretagne, par A.-P. Guérin de la Grasserie, t. I, p. 280.)

2. Extrait des registres de la chambre établie par le roy pour la réformation de la noblesse du païs et du duché de Bretagne par lettres patentes de Sa Majesté du mois de janvier mil six cents soixante et huit vérifiées en parlement. Cahier en papier grand in-4° de vingt roles, dossier Gicquel, fonds bleu, cabinet des titres. (Voir, aux Preuves, page 131, DOCUMENT XVII.)

3. Idem.

4. Ibidem. Réformation de la noblesse de Bretagne, vol. III, catalogué H, 1875 A, art. Kerrel, bibliothèque Mazarine, mss. — Armorial de Bretagne, par A.-P. Guérin de la Grasserie, t. I, p. 280. — Nobiliaire et Armorial de Bretagne, par M. Potier de Courcy, 2ᵉ édit., t. I, p. 356-357.

IV.

GUILLAUME GICQUEL, seigneur de Kerrel et de Kergars, comparut successivement à trois montres des seigneurs de l'évêché de Vannes passées en 1480, 1481 et 1483. « Sur le degré de Guillaume Gicquel, « (dit un vieux document du cabinet des titres) fils « aîné dudict Ollivier, rapporte par employ ledict cahier « des comptes de la chambre des comptes par lequel « se voit que, au roolle de monstre et reveue géné- « ralles des nobles, annoblis et autres sujets aux armes « de l'évesché de Vannes tenue en mille quatre cent « quatre vingts, est escript : Guillaume Gicquel par « Jan le Marharo à cheval archer en brigandine ; que « en aultre monstre des dicts nobles, tenue en mille « quattre cents quattre vingts et trois, se voict la com- « parution dudict Guillaume Gicquel, archer rouge en « brigandine o injonction de gorgerette et les bras « couverts ; et que, en aultre monstre desdicts nobles, « faicte en mille quattre cents quattre vingts un, se « voict encore la comparution dudict Guillaume « Gicquel, voulger en brigandine, salade, espée, dague, « gorgerette o injonction d'un hocqueton et de bonne « salade. » Dans les cahiers de la réformation de 1513 il est question du manoir de Kergars « qui fut

« à deffunct Guillame Gicquel et que lors tenoit et
« appartenoit à Guillaume Gicquel, son fils, nobles
« gens[1]. » Sa femme MARIE DE MADIO[2] lui donna :

— 1° GUILLAUME GICQUEL qui va personnifier le prochain degré ;

— 2° CHARLES GICQUEL, qui fonda la branche des seigneurs de Kergrugner et du Nédo[3], dont nous reparlerons en son lieu ;

— 3° JEANNE GICQUEL, qui reçut sa part, dans la succession de ses parents, des mains de son frère Guillaume, le 12 janvier 1509. La rente, qui lui fut constituée en cette circonstance lui fut comptée le lendemain[4] ;

— 4° BEATRIX GICQUEL, dont la portion fut réglée par son frère Guillaume, sous forme de *rente en juvaignerie,* le 17 juin 1537[5]. Elle contracta union, avant 1513, avec RAOUL DU LEUX, seigneur de Lourme.

1. Extrait des registres de la chambre établie par le roy pour la réformation de la noblesse du païs et duché de Bretagne par lettres patentes de Sa Majesté du mois de janvier mil six cents soixante et huit, vérifiées en parlement. Cahier papier, grand in-4° de vingt cinq roles, dossier Gicquel, fonds bleu, bibliothèque de Richelieu, cabinet des titres.

2. Réformation de la noblesse de Bretagne. *Ut supra.* — *Nobiliaire et Armorial de Bretagne,* par Potier de Courcy.

3. *Réformation de la noblesse de Bretagne. Ut supra.* — Extrait des registres de la chambre établie par le roy pour la réformation de la noblesse du païs et duché de Bretagne par lettres patentes de Sa Majesté du mois de janvier mil six cents soixante et huit, vérifiées en parlement. Cahier en papier, grand in-4° de vingt cinq roles. Dossier Gicquel, fonds bleu, bibliothèque de Richelieu, cabinet des titres.

4. *Idem. Idem.*

5. *Ibidem. Ibidem.*

GUILLAUME GICQUEL, écuyer, sieur de Kerrel et de Kergars, fut héritier principal de ses père et mère, ainsi qu'il appert des partages intervenus entre lui, son frère Charles (12 septembre 1528) et ses sœurs Jeanne et Béatrix aux dates sus indiquées. François de Trinadeuc, autorisé par les plaids généraux de la juridiction de Ploërmel, reconnut, le 26 juin 1515, relever pour divers domaines du grand fief de Kerrel. Marguerite le Moulnier ou le Monnier, femme de Guillaume Gicquel, transigea au sujet de sa dot, le 12 octobre 1514, avec Marie de la Chastenay, femme de Guillaume le Moulnier, seigneur de Denadec Guillaume Gicquel est qualifié « écuyer » dans plusieurs chartes de fondations pieuses, notamment le 18 février 1527, 1er avril 1528 et 11 juin 1530. Il eut de MARGUERITE DE MOULNIER [1] :

— 1° GUYON GICQUEL que nous allons reprendre plus bas.

1. *Ibidem, ibidem.* — *Armorial de Bretagne,* par A.-P. Guerin de la Grasserie, t. I, p. 280. — Extrait des registres de la chambre établie par le roy pour la réformation de la noblesse du païs de Bretagne par lettres patentes de Sa Majesté du mois de janvier mil six cents soixante et huit, vérifiées en parlement. Cahier en papier, grand in-4° de vingt cinq roles. Dossier Gicquel, fonds bleu, bibliothèque de Richelieu, cabinet des titres. — *Nobiliaire et Armorial de Bretagne,* par Potier de Courcy, 2e édition, t. I, p. 356-357. — *Réformation de la noblesse de Bretagne.* — *Ut supra.* (Voir, aux *Preuves,* page 131, DOCUMENT XVII.)

— 2° Marie Gicquel, qui fut conjointe le 31 décembre 1533, à François de Rieu, seigneur de Villeguez, fils de noble Alain de Rieu, sieur de Kergarof, et de Louise Phelipot : vingt livres de rente et cent écus d'or furent constitués à la future [1].

VI.

GUYON GICQUEL, écuyer, sieur de Kerrel et de Kergars, se montre dans un exploit judiciaire, rendu, le 28 juin 1531, par les plaids généraux de la juridiction de Ploërmel, à propos d'un litige existant entre Guillaume Gicquel, seigneur de Kergars, agissant comme garde naturel de Guyon Gicquel, son fils, et Guillaume-le-Moulnier, sieur de Kenadec [2]. Guyon Gicquel épousa ANNE DU BEZIC [3] qui procréa :

— 1° Jean Gicquel, décédé prématurément. Ses droits d'aînesse passèrent à Nicolas son cadet ;

— 2° Nicolas Gicquel, qui va continuer la filiation.

1. Extrait des registres de la chambre établie par le roy pour la réformation de la noblesse du païs et duché de Bretagne par lettres patentes de Sa Majesté, etc. Dossier Gicquel, fonds bleu, cabinet des titres. — *Réformation de la noblesse de Bretagne. Ut supra.*

2. Extrait des registres de la chambre établie par le roy pour la réformation de la noblesse de Bretagne par lettres patentes de Sa Majesté, etc. Dossier Gicquel, fonds bleu, cabinet des titres.

3. *Réformation de la noblesse de Bretagne,* vol. III, catalogué H, 1875 A, article Kerrel, bibliothèque Mazarine, manuscrits.

VII.

NICOLAS GICQUEL, écuyer, seigneur de Kerrel et de Kergars, revendiqua, le 26 juin 1537, à titre d'héritier de son frère Jean, la succession de Jean le Moulnier et d'Olivier de Kerbervet. Il rendit hommage au duc de Rohan, les 27 et 28 novembre 1549, à raison des châtellenies de Bault, de Kerrel et de Kergars. Le roi lui accorda, le 7 juin 1550, des lettres spéciales qui lui permettaient d'ajouter et au besoin de substituer à son nom patronymique celui de sa terre de Kerrel. Le texte des lettres patentes résumées par d'Hozier démontre que Henri II concéda une addition et non point un changement de nom : « Lettres patentes du roy, données à « Rennes le septiesme juin mil cinq cents cinquante, « signées sur le reply : *Par le Roy à la relation du con-* « *seiller du Bouais,* et scellées du grand sceau de cire « jaulne, octroyées à son bien amé Nicollas Giquel, « escuier, sieur de Kerrel, par lesquelles entre autres « choses ledict Giquel ayant faict remontrer audict sei- « gneur roy qu'il estoit noble personne de toute anti- « quité, issu et extrait luy et ses prédécesseurs de « noble extraction et génération et qu'il estoit « seigneur possesseur dudit lieu maison et manoir

« et ses appartenances et autres maisons nobles,
« laquelle maison de Kerrel estoit noble de tout
« temps et d'ancienneté décorée, embellie et appar-
« tenante de plusieurs belles décorations, tant de
« bois, maisons, bois anciens et de revenu, mestay-
« ries, domaines, prairies, fieffs, jurisdiction, hommes
« et subjects et autrement et que luy, ses ayeul, bysaïeul
« et autres ses prédécesseurs, sieurs dudict lieu de
« Kerrel, avoient au temps passé porté et s'estoient
« escriptz nommés et appelez du nom Giquel tant
« en leurs contrats adveux et enseignements de leur
« rentes, biens, héritaiges et revenus que aux monstres
« et assemblées des nobles du païs et duché de Bre-
« tagne que en autres lieux, et que ledit Gicquel vou-
« lait muer et changer ledict nom de Gicquel pour lui
« ses enfants et successeurs, en celluy du tiltre de
« ladicte maison de Kerrell, moienant le plaisir dudict
« seigneur roy. A ces causes et autres, sadicte magesté
« auroit de son austhorité, grace specialle et authorité
« souveraine, donné, octroyé et permis audict Gicquel
« de soy intituller, escripre, nommer et appeler luy et
« ses successeurs. en leur surnom, du nom et tiltre
« de Kerrel ; lesdictes lettres adressantes au sénéchal,
« alloué et lieutenant de Ploërmel et à tous autres offi-
« ciers et justiciers, sentence de vérification d'icelles
« lettres faictes en ladicte juridiction de Ploërmel, le
« septiesme juillet mil cinq cents cinquante, signées

« et garanties sur le reply desdictes lettres [1]. » C'est
ainsi que le nom de Gicquel fut converti en celui de
Kerrel, pratiqué, très-peu de temps, par les générations
postérieures. Nicolas Gicquel ou Kerrel est qualifié
« gentilhomme » dans une procédure engagée en l'an
mil cinq cent cinquante-trois contre Jean de Cleguenec,
écuyer, dans un accord fait avec noble homme Vincent
de Kerveno, seigneur du lieu de son nom et du Mesguen.
On le retrouve, en 1553, dans le groupe des nobles
Bretons, chargés de la garde du château de Vannes,
et, en 1555, dans une transaction conclue avec
Abel de Bézic et Françoise de Larlan, sa femme, sieur
et dame de Kerabraham et de Kernabo, en 1552 et 1555,
dans des montres de la paroisse de Crédin, dont il était
le capitaine. Nicolas Gicquel fit un arrangement avec
les héritiers de sa sœur Marie Gicquel, le 9 août 1559,
et un autre, le 25 juillet 1566, avec les ayants droit de sa
tante Jeanne, issue de Guillaume, premier du nom, et
de Marie de Madio. A la fin de ces deux conventions,
qui nécessitèrent la preuve testimoniale, il est constaté
que « ledict de Kerrel et ses prédécesseurs estoient

---

1. Extrait des registres de la chambre, établie par le roy pour la réformation
de la noblesse du païs et duché de Bretagne par lettres patentes de Sa Majesté
du mois de janvier mil six cents soixante et huit, vérifiées en parlement. Cahier
en papier grand in-4° de vingt cinq roles, dossier Gicquel, fonds bleu, Bibliothèque
de Richelieu, cabinet des titres. — *Réformation de la noblesse de Bretagne.* —
Armorial de Bretagne, p. A.-P. Guérin de la Grasserie, t. I, p. 280. — DU PERRÉ,
Abrégé du Nobiliaire de Bretagne, p. 27. — M. POTIER DU COURCY mentionne aussi
la conversion du nom de Gicquel en celui de Kerrel.

« nobles personnes et de noble extraction vivant de
« tout temps immémorial noblement, soy estant régis
« et gouvernés, en leurs partages noblement et advan-
« tageusement selon l'assise du comte Geoffroi, et
« leurs dicts biens heritetz estre de tout temps
« nobles et avoir esté noblement et advantageusement
« départis selon ladicte assise, et que Guyon Gicquel,
« père dudict de Kerrel, et dont il estoit fils héritier
« principal et noble, desdicts Guillaume et sadicte
« femme, et ladicte, Marie, fille juveigneure ; ledict
« acte en date du neuffiesme aoust mil cinq cents
« cinquante neuf deubment signé et garanti [1] ». Les
aînés profitèrent seuls de la concession royale de
1550 relative à l'addition du nom de Kerrel. Ils renoncèrent à ce droit après deux générations et reprirent
le nom unique de Gicquel. Nicolas Gicquel, dit Kerrel,
contracta alliance avec ANNE DU HOULLE [2] ; leurs enfants furent :

— 1° JEAN GICQUEL ou Kerrel est dit fils aîné et héritier
de Nicolas Gicquel et de Anne du Houlle, dans un acte
de tutelle de 1569 et dans le partage fait le 25 mars 1573

1. Extrait des registres de la chambre, établie par le roy pour la réformation
de la noblesse du païs et duché de Bretagne par lettres patentes de Sa Majesté du
mois de janvier mil six cents soixante et huit, vérifiées en parlement. Cahier en
papier grand in-4° de vingt cinq roles, dossier Gicquel, fonds bleu, Bibliothèque
de Richelieu, cabinet des titres.

2. Réformation de la noblesse de Bretagne, vol. III, catalogué H, 1875 A, article
Kerrel, Bibliothèque Mazarine. Mss. — Armorial de Bretagne, par A.-P. Guérin de
la Grasserie, t. I, p. 280.

entre lui et son frère Robert. Tous deux s'accommo-
dèrent le 22 janvier 1589 au sujet des successions pa-
ternelle et maternelle. Il est question dans ce contrat
d'une action intentée à Jean de Kerrel par le sieur de
Brossay de Renac qui réclamait les arrérages d'une
rente, due à sa femme Françoise Gicquel [1] ;

— 2° ROBERT GICQUEL que nous allons reprendre [2] ;

— 3° JEANNE GICQUEL, femme DE RAOUL DE LARLAN,
sieur de Kerbourhis [3] ;

— 4° MADELEINE DE GICQUEL ou de Kerrel, mariée à
JEAN MARIGO, sieur de Kerguivio [4].

VIII.

ROBERT GICQUEL écuyer, sieur de Kerrel et de
Kergars, son frère Jean et sa sœur Madeleine furent
placés, le 12 octobre 1569, sous la tutelle de leur mère
Anne du Houlle. Jean Gicquel mourut sans postérité et
transmit tous ses biens, titres et armes à son frère
puîné ainsi qu'il appert d'une sentence prononcée par
le juge de Pontivy, le 30 juin 1575 [5]. Robert Gicquel

---

1. Extraits des registres de la chambre établie pour la *Réformation de Bretagne.*
2. *Ut supra.*
3. *Idem.*
4. *Ibidem.*
5. *Ibidem.*

déclara, devant le susdit magistrat, les terres et héritages tombés en rachat par suite du décès de Jean, son aîné. Robert Gicquel contracta alliance avec JEANNE ou ANNE DE LA HAYE [1], qui le rendit père de :

— 1° HERVÉ GICQUEL OU DE KERREL ;

— 2° JEAN, qui épousa NICOLE DU HAUTCHAMP, dame de Hautchamp, au diocèse de Tréguier, où il vint se fixer par suite de son mariage. Il eut, entre autres enfants, Nicolas Gicquel, auteur de la branche des seigneurs de la Ville-Henry et des Touches ;

— 3° JEANNE GICQUEL, femme de BERNARD BIGOT, sieur de Kernidal et de Kernevalec [2].

IX.

HERVÉ GICQUEL ou KERREL, écuyer, reprit le nom patronymique de Gicquel et le porta plus fréquemment que celui de Kerrel, simple désignation terrienne. Les fiefs de Kerrel et de Kergars lui échurent intégralement à la mort de ses parents. On verra plus loin qu'il soutenait un litige, le 23 juillet 1601, devant la juridiction de Ploërmel avec Pierre Coué, sieur du Brossay, marié à Françoise Gicquel, cousine dudit Hervé [3]. Celui-

1. *Ut supra.*
2. *Idem.*
3. Voir plus loin branche du Nédo, p. 47.

ci paracheva le payement de la dot de sa sœur Jeanne le 20 février 1634. Il n'était plus le 31 mars 1661, car, à cette date, sa succession fut répartie entre ses enfants. De l'union d'Hervé Gicquel avec YVONNE HOUSSAYE[1] dérivèrent :

— 1° FRANÇOIS GICQUEL DE KERREL ;

— 2° JULIEN, seigneur de Couet du Bras [2], sénéchal au siége particulier de Rohan, héritier principal de son frère aîné ;

— 3° JEAN GICQUEL, écuyer, sieur de Saint-Malo et de Philis, ressort de Dinan, en faveur duquel son frère Julien résigna son office. Il résidait au village de Kéraudren, paroisse de Crédin, avec sa femme JACQUETTE LE MÉTAYER [3] ;

— 4° JACQUES GICQUEL, écuyer, sieur de Kerhais, qui demeurait en son manoir dans la juridiction de Ploermel[4] ;

— 5° SUZANNE DE KERREL, mariée à noble homme JEAN

1. Extrait des registres de la chambre, établie par le roy pour la réformation de la noblesse du païs et duché de Bretagne, dossier Gicquel, cabinet des titres. — *Réformation de la noblesse de Bretagne*, vol. I, catalogué H, 1875 A, Bibliothèque Mazarine. Mss.

2. *Idem*. — *Armorial de Bretagne*, par A.-P. Guérin de la Grasserie, t. I, p. 280. — *Nobiliaire et Armorial de Bretagne*, par M. Potier de Courcy, 2e édition, t. I, p. 356-357.

3. Extrait des registres de la chambre, établie par le roy pour la réformation de la noblesse du païs et duché de Bretagne par lettres patentes de Sa Majesté du mois de janvier mil six cents soixante et huit, vérifiées en parlement. Cahier en papier grand in-4° de vingt cinq rolles, dossier Gicquel, fonds bleu, Bibliothèque de Richelieu, cabinet des titres.

4. *Idem*.

Gatechair, sieur de Richecouel. Ce dernier et ses quatre beaux-frères firent un arrangement domestique le 4 août 1662 [1].

Hervé Gicquel fut le dernier des siens qui pratiqua le nom de Kerrel, auquel ses enfants renoncèrent tout à fait pour s'appeler exclusivement Gicquel. Ce retour à la dénomination originelle et patronymique est prouvé par les deux extraits que voici : « Nicolas Gicquel prit « lettres en 1550 pour changer le nom de Gicquel en « celui de Querel, qu'ils (sic) viennent encore de quit- « ter pour reprendre le nom de Gicquel [2]. » — « Arrêt « du 28 mai 1669 : M. Huart, rapporteur. — Nicolas « Gicquel prit lettres en 1550 pour changer le nom de « Gicquel en celui de Querel, qu'il vient de quitter ponr « reprendre le nom de Gicquel [3]. »

1. *Ut supra.*

2. Catalogue par ordre alphabétique de tous les noms des gentilshommes qui ont passé à la dernière *Réformation de la noblesse de Bretagne*, volume coté 8320 (41°) fonds français, Bibliothèque de Richelieu, cabinet des titres.

3. *Idem.*

MARQUIS DU NÉDO

V

CHARLES GICQUEL, seigneur de Kerguiris, deuxième fils de Guillaume Gicquel, seigneur de Kerrel, et de Marie de Madio, obtint, le 12 septembre 1528, de son frère, en retour des bons offices dont il l'avait comblé et aussi pour sa part successorale dans les biens de ses père et mère, plusieurs rentes [1]. Son alliance avec FRANÇOISE DE VILLIERS est rapportée dans une série d'actes, notamment dans une vente consentie par leur

---

[1]. Extrait des registres de la chambre établie par le roy pour la réformation de la noblesse du pais et duché de Bretagne par lettres patentes de Sa Majesté du mois de janvier mil six cents soixante et huit vérifiées en parlement. Cahier en papier grand in-4° de vingt cinq roles. Dossier Gicquel, fonds bleu, Bibliothèque de Richelieu, cabinet des titres.

fils aîné Jean Gicquel, le 6 octobre 1554, dans des contrats du 23 mars 1556 et du 12 mai 1557 où ladite
dame est indiquée comme veuve de Charles Gicquel[1],
auquel elle donna :

— 1° JEAN GICQUEL, seigneur de Kerguiris, lieutenant
d'Auray et conseiller du roi au siége présidial de
Vannes, fit intimer, en son nom et en qualité de man-
dataire de JEANNE DE KÉRISEC, sa femme, le 15 juin 1556,
à Jean Guido de le réintégrer, contre paiement d'une
somme de cinq mille livres, dans le fief de Kergrusenec,
aliéné sous réserve de rachat [2]. Jean Gicquel, postérieurement à la mort de Jeanne de Kérisec, donna
pouvoir, le 23 février 1559, pour lui et ses enfants, à
Pierre du Téno et à Pierre de Saint-Martin, sieur de
Kerpousarn, pour effectuer le retrait de la terre de
Kergrusenec. Le 17 février 1553, nous retrouvons le
seigneur de Kerguiris investi de la tutelle de Guillaume
de Rieu, son neveu, né de Marie Gicquel et acceptant
pour son pupille la châtellenie de Lantillac qui prove-
nait de la succession de François de Rieu, père de
Guillaume [3]. Jean Gicquel était en instance, le 11 juillet 1586, devant la juridiction de Ploërmel pour obliger
Robert Gicquel, surnommé Kerrel, seigneur de Kergars, à exécuter les clauses d'un partage remontant au

1. *Ut supra.*
2. *Idem.*
3. *Ibidem.*

12 septembre 1528 et arrêté entre Guillaume Gicquel, sieur de Kerrel, et Charles Gicquel, seigneur de Kerguiris, son frère juveigneur. Cette poursuite fut surtout intentée au profit de demoiselle *Françoise Gicquel*, dame de Kerguiris, mariée à *Pierre Coué*, sieur du Brossay [1], et héritière de son père Jean et de son oncle Robert. Celle-ci obtint une sentence favorable des généraux plaids de Ploermël, le 18 octobre 1586 [2] et procréa Pierre Coué, écuyer, sieur du Brossay et Kisec, qui s'allia à demoiselle de Kerguisec de laquelle dérivèrent : René Coué, écuyer, marié, le 16 janvier 1528, à Renée-Hélène de Bouexic, et Marguerite Coué, femme du seigneur de Nouzillac.

— 2° PIERRE GICQUEL, seigneur de Kergrugner qui suit :

VI.

PIERRE GICQUEL, écuyer, seigneur de Kergrugner, premier justicier en la juridiction d'Auray, était en procès, le 8 octobre 1554, avec le sieur Le Mezec. Dans un mémoire, se rattachant à ce litige, il est question de Charles Gicquel et de Françoise de Villiers comme

1. Il était fils de Julien Coué, écuyer et de Marie Complude.
2. Extrait des registres de la chambre de réformation de la noblesse de Bretagne. Cahier en papier grand in-4°, dossier Gicquel, fonds bleu, Bibliothèque de Richelieu, cabinet des titres.

auteurs de Pierre Gicquel poursuivant [1]. Ce dernier et
Jeanne de Livec, sa femme, souscrivirent un bail em-
phythéotique en faveur d'Amaury Kerbastard, le
16 avril 1545 [2]. Un contrat d'acquets fut passé, le
23 février 1559, entre noble Pierre Gicquel et Gilles
de Cansquel, écuyer, agissant comme tuteur de Marguerite de Kérisec, dame de Kerguirionec. Le seigneur
de Kergrugner fit, à raison de cette terre, acte de foi
envers Sa Majesté, le 15 juin 1574, et dénombra le
31 mars 1576, ainsi qu'il résulte des preuves faites
devant la chambre de réformation pour la noblesse
de Bretagne : « adveu minu et déclaration des terres,
« rentes et héritaiges, que tenoit soubz le roy, nostre
« sire, prochement, en sa jurisdiction d'Auray, à foy,
« hommage et rachapt, noble homme Pierre Gicquel,
« seigneur de Kergrugner, tant en son nom que au
« nom et comme tuteur et garde de ses enfants, de luy
« procréés en damoiselle JEANNE DE LIVEC, sa femme
« en premières nopces; lesdictes terres et héritaiges
« advenus audict Gicquel ès-dicts noms, par acquets
« de luy et de ladite de Livec, ledict minu présenté par
« ledict Gicquel au procureur général du roy en la

1. Extrait des registres de la chambre, établie par le roy pour la réformation
de la noblesse du païs et duché de Bretagne par lettres patentes de Sa Majesté du
mois de janvier mil six cents soixante et huit vérifiées en parlement. Cahier en
papier grand in-4° de vingt cinq roles, dossier Gicquel, fonds bleu, Bibliothèque
de Richelieu, cabinet des titres.

2. *Idem.*

« chambre des comptes, le trente et uniesme mars mil
« cinq cents soixante et seze, deubment signé et
« garanti ¹. » On ignore le nom de la deuxième femme
de Pierre Gicquel, mais on sait que Jeanne de Livec
lui laissa les ci-après :

— 1° FRANÇOIS GICQUEL, seigneur de Kergrugner, que
nous allons retrouver plus bas ;

— 2° CHRISTOPHE GICQUEL, sieur de Kervasic, qui
intervint, le 23 juillet 1601, dans un différend entre
Hervé Gicquel, seigneur de Kerrel et de Kergars, et
Pierre Coué, sieur du Brossay ², marié à Françoise
Gicquel, fille et héritière de Jean Gicquel, sieur de
Kerguiris, et de Jeanne de Kérisec.

VII.

FRANÇOIS GICQUEL, seigneur de Kergrugner,
rentra, le 26 mai 1594, en possession de plusieurs
dépendances de la dite terre aliénée par son père ³.

---

1. Extrait des registres de la chambre, établie par le roy pour la réformation
de la noblesse du païs et duché de Bretagne par lettres patentes de Sa Majesté du
mois de janvier mil six cents soixante et huit, vérifiées en parlement. Cahier en
papier grand in-4° de vingt-cinq roles, dossier Gicquel, fonds bleu, Bibliothèque
de Richelieu, cabinet des titres.

2. *Idem.*

3. *Ibidem.*

Philippe-Emmanuel de Lorraine, duc de Mercœur et de Penthièvre, gouverneur de Bretagne, l'appelle son bien-aimé François Gicquel dans les lettres, par lesquelles il le pourvut de l'office de lieutenant général en la juridiction et barre royale d'Auray [1].

Ces lettres, datées du 27 mars 1590, furent confirmées par Henri IV le 6 avril 1598. François Gicquel acquitta le droit de marc d'or, inhérent à sa charge, et retira quittance de la somme comptée le 16 février 1599. On le trouve énoncé, le 1er mars 1599, *noble sieur de Kergunier et lieutenant civil et criminel en la Cour de Vannes,* dans un contrat d'achat, passé avec Jean Perret, sieur du Pas-aux-Biches, au mois de mars de l'année susdite [2]. Dans la production faite, en 1669, par son petit-fils François Gicquel, devant la chambre de réformation de la noblesse de Bretagne, les pactes matrimoniaux de François Gicquel, sieur de Kergrugnier, sont résumés comme suit : « La huitième « est un contrat de mariage faict entre nobles gens « François Gicquel, sieur de Kergrugner, et demoiselle « Françoise le Gouvello, fille de Henry le Gouvello, « sieur de la Porte, le vingt sixiesme may mil cinq « cents quatre vingts quattorze, deubment signé et « garanti [3]. »

1. *Ut supra.*
2. *Idem.*
3. *Ibidem.*

Hervé de Gicquel était en procès, le 23 juillet 1601,
devant la juridiction de Ploërmel avec Pierre Coué,
écuyer, sieur du Brossay. Ce dernier revendiquait son
lot dans le partage fait entre Guillaume Gicquel,
deuxième du nom, et Charles son juveigneur, au sujet des
biens laissés par leur auteurs, c'est-à-dire par Guillaume Gicquel et Marie de Madio. Dans ce compromis,
Pierre Coué est déclaré héritier principal d'autre noble
Pierre Coué et de demoiselle Françoise Gicquel, ses
père et mère [1]. Il y est également constaté que Charles
Gicquel, frère cadet de Guillaume, procréa Nicolas
Gicquel, lequel abandonna son nom de Gicquel pour
celui de Kerrel et eut un hoir appelé Robert [2]. La descendance de ce dernier s'y trouve en outre relatée
jusqu'à son extinction en ligne directe dans la personne de Françoise Gicquel, fille unique et héritière de
Jean Gicquel, sieur de Kerguris, et de Jeanne de Kérisec.
« La seconde est un acte de transaction passé entre
« Hervé de Kerrel, escuier, sieur dudict lieu de Kerrel
« d'une part, et Pierre Coué, escuier, sieur du Bros-
« say, touchant l'assiepte du partage, baillé par
« Guillaume Gicquel, second du nom, à Charles, son

---

1. Extrait des registres de la chambre établie par le roy pour la réformation
de la noblesse du païs et duché de Bretagne par lettres patentes de Sa Majesté du
mois de janvier mil six cents soixante et huit, vérifiées en parlement. Cahier en
papier grand in-4° de vingt cinq roles, dossier Gicquel, fonds bleu, Bibliothèque de
Richelieu, cabinet des titres.

2. *Idem.*

« juveigneur, en la succession d'autre Guillaume Gicquel
« et Marie Madio, leurs père et mère, dans laquelle
« est dict que ledict Pierre Coué, escuier, sieur du
« Brossay, estoit fils héritier principal et noble d'autre
« Pierre Coué, escuier, sieur du Brossay, et de damoi-
« selle Françoise Gicquel, ses père et mère, et que
« dudict Guillaume, frère aîné dudict Charles, fut fils
« héritier principal et noble Nicollas Gicquel, qui le
« premier prit le nom de Kerrel, délaissant le surnom
« de Gicquel, que dudict Nicollas, fut fils héritier
« principal Robert, son fils, qui continua ledict sur-
« nom de Kerrel, délaissant pareillement le surnom
« de Gicquel; et que dudict Robert estoit fils héritier
« principal et noble ledict Hervé de Kerrel; et que
« dudict Charles, frère dudict Guillaume, fut fils et
« héritier Jan Gicquel; et que dudict Jan Gicquel et de
« damoiselle Jeanne de Kérisec, sa femme, vivant,
« vivant sieur et dame de Kerguris et de Kerguirionec,
« fut fille et héritière ladicte Françoise Gicquel, de
« laquelle et de son mariage avec ledict Pierre Coué,
« sieur du Brossay, estoit fils héritier principal et
« noble ledict Pierre Coué, sieur du Brossay, stipullant
« audict acte, par lequel pour ledict Hervé Kerrel
« pour demeurer quitte vers ledict Pierre Coué,
« s'obligea lui faire assiepte ou sommaire de trente
« livres monnoie de rente pour son droit de partage,
« luy deub par représentation de ses prédécesseurs

« susnommés et succession desdicts Guillaume Gicquel
« et Marie Madio, en leur vivant sieur et dame de
« Kerrel, quelle assiepte ledit Hervé de Kerrel s'obli-
« geoit faire six mois apprès avoir épouzé, comme
« gentilhomme de son rang debvoit faire, à condition
« audict Coué de tenir ladicte assiepte en hommage et
« juveigneurie dudict Hervé de Kerrel, comme juvei-
« gneur d'aisné ; ledict acte fait par l'advis de François
« Gicquel, escuier, sieur de Kergrugner, conseiller du
« roy, lieutenant civil et criminel en la cour et
« siége présidial de Vannes, et de noble homme Chris-
« tophle Gicquel, sieur de Kervasic, son frère, proches
« parents et aussi amis communs dudict Hervé de
« Kerrel et dudict sieur du Brossay, par estre ledict
« lieutenant de Vannes et ledict sieur de Kervasic, son
« frère, enfants du deffunct noble homme Pierre
« Gicquel, quel Pierre Gicquel estoit frère de Jan
« Gicquel, et lesdicts Pierre et Jan les Gicquel, frères,
« enfants dudict Charles Gicquel, qui frère estoit
« dudict Guillaume ; ledict acte en datte du dix
« neuffviesme may mil six cents quattre, deubment
« signé et garanti [1]. » FRANÇOISE DE GOUVELLO
était veuve de François Gicquel et tutrice de ses enfants
le 8 décembre 1617, époque où elle céda temporaire-

---

1. Extrait des registres de la chambre de réformation de la noblesse de Bretagne. Cahier en papier grand in-4°, dossier Gicquel, fonds bleu, bibliothèque de
Richelieu, cabinet des titres.

ment l'office de son mari en la cour d'Auray à Julien le Gouvello, sieur de la Porte, sous la condition de réserver ladite charge à ses enfants [1] qui furent :

— 1° Pierre Gicquel, seigneur du Nédo ;

— 2° Françoise Gicquel, dont l'existence nous est révélée par une transaction, passée le 1er octobre 1665 entre noble Pierre Gicquel, chanoine de l'église cathédrale de Vannes, et Pierre de Montigny, sieur de Kerispers, au sujet d'une somme de 3,000 livres, adjugée par arrêt du présidial de Vannes à Françoise le Gouvello et à sa fille Françoise Gicquel [2].

VIII.

PIERRE GICQUEL, écuyer, seigneur du Nédo [3], gentilhomme ordinaire de la chambre de la reine

---

1. *Ut supra.*

2. *Idem.*

3. Pierre Gicquel, seigneur du Nédo et quelques-uns de ses ancêtres sont indiqués dans le *Nobiliaire de Bretagne* par M. Potier de Courcy :

« Gicquel, sieur de Kererel, par. de Crédin — du Nédo, par. de Plaudren, — « de Kermenguy.

« Ext., réf. 1669, huit gén. ; réf. et montres de 1481 à 1536, par. de Crédin, « év. de Vannes.

« *De gueules à la croix d'argent, cantonnée de quatre cygnes de même.*

« Guillaume, fils d'Olivier, vivant en 1481, épouse Marie Madio ; Pierre, gen- « tilhomme de la reine mère et lieutenant général au présidial de Vannes en 1627 ; « un maréchal de camp en 1781. »

(Nobiliaire et Armorial de Bretagne, par M. Potier de Courcy, 2e édition, t. I, p. 356-357.)

mère, recouvra, le 1er juillet 1641, après requête au
parlement de Bordeaux, l'office paternel. Il avait acquis,
le 2 juin 1633, de Jean-Jacques Moreau, écuyer, sieur
de la Ferraudière, la charge de gentilhomme servant
de la reine Anne d'Autriche. Le sieur d'Argouges,
conseiller, trésorier général de la couronne, lui délivra,
le 1er mars 1634, un certificat établissant les services
rendus par Pierre Gicquel dans les fonctions intimes
de gentilhomme servant de la reine [1]. Une attestation
semblable lui fut donnée par le sieur de Bertillac, le
4 avril 1639. Anne d'Autriche dépêcha une missive, le
20 avril 1641, au sieur Pichon, président au parlement
de Bordeaux, pour le remercier de la sollicitude particulière qu'il avait témoignée au sieur du Nédo dans un
procès soutenu par lui devant ladite cour [2]. Le sieur
Bouteiller, secrétaire d'État, et le sieur de Nouveaux,
général des postes, transmirent, le 12 octobre 1636,
aux intendants de province l'ordre de tenir à la disposition du sieur du Nédo un passe-port et des chevaux
de poste [3]. La reine Anne d'Autriche octroya des lettres
de survivance à Pierre Gicquel pour l'état de gen-

1. Extrait des registres de la chambre établie par le roy pour la réformation
de la noblesse du païs et duché de Bretagne par lettres patentes de Sa Majesté
du mois de janvier mil six cents soixante et huit, vérifiées en parlement. Cahier
en papier grand in-4° de vingt cinq roles, dossier Gicquel, fonds bleu, bibliothèque
de Richelieu, cabinet des titres.

2. *Idem.*

3. *Ibidem.*

tilhomme servant, le 5 avril 1644, et renouvela l'expres-
sion de sa gratitude pour le zèle dont elle avait été
l'objet de sa part depuis qu'elle l'avait attaché à sa
personne [1]. Les états du pays et duché de Bretagne le
députèrent vers le roi pour le supplier de donner le
gouvernement de la province à la reine. Pierre Gicquel
s'était marié, par contrat du 23 février 1627, à demoiselle RENÉE DE GOUYON [2], dame de la Motte-Collas, fille
cadette de messire Georges de Gouyon, seigneur de
Vauveloisel, Vautherbert et Pont-Brécel, et de Tris-
tane de Trémigon. Le père de la future fut représenté par Pierre de la Touche, seigneur de Kérolland.
Voici la postérité de Pierre Gicquel et de Renée de
Gouyon :

— 1° PIERRE GICQUEL, écuyer, seigneur du Nédo et
de Kergrugner, chanoine en l'église cathédrale de
Vannes, vendit, le 1er avril 1659, en sa qualité d'aîné et
d'héritier principal, les offices de lieutenant et de com-
missaire enquesteur au siège présidial de Vannes, qui
avaient été exercées par son père, pour la somme de
42,000 livres [3]. Il possédait dans la ville de Vannes, en
1677, une maison située rue Saint-Salomon, paroisse
de Sainte-Croix, affermée moyennant une redevance
annuelle de 120 livres par dame Renée Riaud, dame

1. *Ut supra.*
2. *Idem.* — Le Terrier de Bretagne, registre P, 1736, folio 91, donne à Renée
de Goyon le prénom de Anne.
3. *Ibidem.*

douairière du Bézit, sous la caution de René de Gouvinec, son fils, et de Vincente Gicquel, sa femme.

— 2° SÉBASTIEN GICQUEL, écuyer, sieur de Kermainguy [1] (ressorts de Vannes et de Ploërmel), qui, de concert avec Pierre Gicquel, son aîné, fit proclamer la majorité de son frère puîné et de sa sœur Vincente, le 15 février 1661 : « De l'advis et consentement de noble « et discrept Pierre Gicquel, sieur du Nédo, chanoine « en l'église cathédrale de Saint-Pierre de Vannes en « son nom et fondé en procuration de Sébastien « Gicquel, escuier, sieur de Kermainguy, son frère « cadet et aussi son frère aisné, desdicts Jean et Vin- « cente Gicquel, de hault et puissant messire Sébastien « de Rosmadec, chevalier de l'ordre du roy, seigneur « marquis du Plessis-Rosmadec et autres lieux, de « messire Jean de Sérant, seigneur de Kerfily, conseil- « ler au Parlement, de messire Jan Gouyon, seigneur « de Vaudurant et des sieurs de Kergouanno et de « Kerrel ; et en conséquence de l'apparution ou lettre « de bénéfice d'âge obtenu par ledit Jan Gicquel, « icelluy Jan et ladicte Vincente Gicquel, sa sœur, au- « roient esté déclarés majeurs et mis en l'administra- « tion de leurs biens meubles et levées de leur im-

---

« 1. GICQUEL (Pierre), seigneur de Nédo, prêtre ; (Sébastien) de Kermainguy ; « (Jean), son frère, ressorts de Vannes et de Ploërmel. Arrêt de la réformation du « 29 mai 1669. » (Armorial de Bretagne, par A.-P. Guérin de la Grasserie, tome I, page 204.)

« meubles sous l'autorité de curateurs qu'ils choisiront ;
« ledict acte en datte du quinziesme febvrier mil six
« cents soixante et un, deubment signé et garanti[1]. »
Il fit ses preuves de noblesse, le 16 mai 1669, en son
nom et en celui de son frère Jean, absent pour le service
du roi. Ils furent tous les deux maintenus dans toutes
les prééminences et prérogatives de noblesse par ordonnance de la chambre de Rennes, le 29 mai 1669[2].

— 3° Jean Gicquel, seigneur de Caslan, qui va reparaître au prochain degré ;

— 4° Vincente Gicquel, émancipée, en même temps
que son frère Jean, le 15 février 1661. Le 17 août 1683,
messire Pierre Gicquel, chanoine de Vannes, agissant
comme curateur de Claude de Gourvinec, fils de messire
René de Gourvinec, seigneur de Bézit, et de Vincente
Gicquel, sa femme, fit une déclaration des biens féodaux appartenant à son pupille et en grande partie
compris dans la paroisse de Saint-Nolff[3]. Cet aveu fut
présenté à messire Louis-Jean-Baptiste de Cornulier,
chevalier, seigneur de Boismacqueau, président de la
chambre des comptes de Bretagne et chargé de la con-

1. Extrait des registres de la chambre établie par le roy pour la réformation de
la noblesse du païs et duché de Bretagne par lettres patentes de Sa Majesté du
mois de janvier mil six cents soixante et huit, vérifiées en parlement. Cahier en
papier grand in-4° de vingt cinq roles, dossier Gicquell, fonds bleu, bibliothèque
de Richelieu, cabinet des titres.

2. *Idem.*

3. Terrier de Bretagne, registre coté P, 1737, du folio 67 au folio 70, archives
de France.

fection du terrier et de la réformation des domaines de
Vannes. Le dénombrement porta sur la métairie noble
de Queruel ou de Kerrel, sur les clos, terroirs et pâtures
de Perno, Landes, le Pastallec, le Corre, le Coédic, le
Fistel, Ternoy, Lannec, Liorch Bihan, Bézit, Grue-
Alanic, le Marreau, Pobeguin, la Chapelle-Sainte-Anne,
sis au bourg paroissial de Nolff [1]. C'est dans l'église de
ce dernier lieu que se trouve, entre le grand autel et le
balustre, la sépulture des seigneurs de Gourvinec,
rehaussée par la sculpture de leurs armes : *Vairé d'or
et de sable.* On y lisait l'inscription ci-après en lettres
gothiques:

CY GIST NOBLE HOMME

JEAN DE GOURVINEC, QUI DÉCÉDA

LE XII[e] JOUR DE DÉCEMBRE MIIIJ[c]

LXXIIIJ Q. DIEU P. ET A.

Dans la nef de la même église le blason des Gourvinec est également gravé sur une pierre sépulcrale [2].

Vincente Gicquel fut conjointe, comme on vient de
le voir, à René de Gourvinec, seigneur de Bézit. Elle en
eut *Claude de Gourvinec,* dont il a été question à la page
précédente.

1. Terrier de Bretagne, registre coté P. 1737 du folio 67 au folio 70.
2. *Idem.* Leur blason était également représenté dans une verrière de la
même chapelle, du côté de l'évangile.

IX.

JEAN GICQUEL, seigneur de Caslan, lieutenant au régiment de Bretagne. Il était au service du roi lorsqu'il fut appelé à justifier sa qualité de gentilhomme devant la chambre de réformation de Bretagne, ainsi qu'il appert des certificats qui lui furent délivrés, à cette occasion, par le marquis d'Hoquincourt et le chevalier de Noyon, commandant du régiment de Bretagne, et par le sieur de Monteil, gouverneur de Charleroi, en date du 20 juillet 1666 et du 25 juillet 1668 [1]. Il fut inscrit, le 29 mai 1669, sur le catalogue des véritables gentilshommes en même temps que son frère Sébastien, son procureur, qui produisit des titres établissant qu'il était de haut lignage et que le rameau du Nédo était sorti de la branche de Kerrel. Jean Gicquel s'était allié, à une date inconnue, à PERRINE LE FLOCH. Celle-ci était dans le veuvage, le 26 février 1677, lorsqu'elle fit le dénombrement des maisons et terres qu'elle tenait ou administrait en qualité de communière ou de tutrice de ses enfants mineurs. L'aveu fut produit par ladite dame devant Guillaume Dondel, chevalier, seigneur de

---

1. Extrait des registres de la chambre de réformation de la noblesse de Bretagne. Cahier en papier grand in-4°. Dossier Gicquel, fonds bleu, bibliothèque de Richelieu, cabinet des titres.

Pendreff, maître ordinaire de la chambre des comptes de Bretagne [1]. Perrine le Floch fut mère de :

— 1° FRANÇOIS GICQUEL, seigneur du Nédo, qui suit ;

— 2° PIERRE GICQUEL, seigneur du Nédo, figure parmi les officiers de la marine qui furent appelés, conformément à l'édit de septembre 1708 et de l'arrêt du conseil du 11 mars 1710, à bénéficier de la part de 500,000 livres de rente, créée au denier vingt. Parmi ceux qui furent dispensés, leur vie durant, de la capitation, nous remarquons Pierre du Nédo, garde-marine attaché au port de Dunkerque. Sa pension lui fut assignée le 24 juin 1710 sur les revenus de l'hôtel de ville [2].

X.

FRANÇOIS GICQUEL, seigneur du Nédo, s'allia à ÉLISABETH MACLODIE LE MEILLEUR, dont il eut :

— 1° CLAUDE-FRANÇOIS GICQUEL, marquis du Nédo, né à Vannes le 1er novembre 1721 ;

— 2° PIERRE-VINCENT-GABRIEL GICQUEL, seigneur du Nédo, qui s'associa en 1789 à la protestation de son frère contre l'abolition des priviléges féodaux [3]. Il s'expatria

---

1. *Extrait du registre coté 1756 du Terrier de Bretagne,* du folio 423 au folio 425, conservé aux Archives de France, à Paris.

2. Note communiquée par M. Denis de Thezan.

3. Catalogue des gentilshommes de Bretagne, par MM. Louis de La Roque et Édouard de Barthélemy, p. 37.

le 2 juillet 1793, et toutes ses possessions féodales furent vendues révolutionnairement; les parties qui ne purent être aliénées furent annexées au domaine communal [1]. Il est question de lui dans les *États détaillés des liquidations faites au profit des émigrés en 1826.* Pierre-Vincent-Gabriel n'était plus à cette date, et le montant de l'indemnité qui lui fut assignée échut à son petit-neveu Maxime-Pierre-Luc du Bouexic de Guichen.

— 3° MARIE-JULIE-PERRINE GICQUEL DU NÉDO émigra comme ses frères. Elle s'était alliée à PIERRE-FRANÇOIS SAINT-GUILLAUME-ESPRIT-BASILE CALLOET DE TRÉGOMMAR. De cette union vinrent : — I. *N. de Calloët de Trégommar,* mariée à *N. du Bouexic de Guichen,* qui fut mère de Maxime-Pierre-Luc du Bouexic de Guichen. — II. *N. de Calloët de Trégommar,* mariée à *N. de Guerry.* Mesdames du Bouexic de Guichen et de Guerry furent inscrites dans la distribution du milliard, l'une pour 101,000 francs, l'autre pour 159,000, qui furent payés à leur fils et neveu Maxime-Pierre-Luc du Bouexic de Guichen [2].

---

1. *Liste des émigrés,* édition in-folio, t. II, p. 64-65.

2. *État détaillé des liquidations faites au profit des émigrés;* 2ᵉ compte, 1ʳᵉ partie, 1826. Côtes-du-Nord, p. 6-7. — Pour Claude-François Gicquel et sa sœur Marie-Julie-Perrine Gicquel (voir, aux *Preuves,* DOCUMENT XVIII, p. 136).

XI.

CLAUDE-FRANÇOIS GICQUEL, seigneur et marquis du Nédo, maréchal de camp, émigré, est signalé par M. Mazas, parmi les capitaines des régiments du roi et de la marine qui prirent une part active aux campagnes de 1761 et 1763 [1]. L'*État militaire de la France*, par M. de Roussel, mentionne, parmi les capitaines des gardes françaises, en l'an 1777, les marquis du Nédo, de Sommery, de Barbançois, le comte de Beaurepaire, le baron de Montejan, qui tous étaient chevaliers de Saint-Louis [2]. Pierre-Vincent-Gabriel fut créé maréchal de camp le 5 décembre 1781 [3]. Dans la même promotion furent compris le duc de Luynes, le marquis d'Harcourt, le prince Emmanuel de Salm-Salm, le comte de Levis, le duc de Mailly, le baron de Crussol, le comte de Jarnac, etc. Pierre-Vincent-Gabriel Gicquel est qualifié « marquis du Nédo » et maréchal de camp dans le *Tableau historique de la noblesse*, par le comte de Waroquier, t. I,

---

1. *Histoire de l'ordre royal et militaire de Saint-Louis*, par Mazas, t. I, p. 535 et 566.

2. *État militaire de la France* pour l'année 1777, par M. de Roussel, p. 132.

3. *Tableau historique de la noblesse*, par le comte de Varoquier, t. I, p. 122. — *Nobiliaire et Armorial de Bretagne*, par Potier de Courcy, deuxième édition, t. III, p. 174. — *État militaire de la France* pour l'année 1784, par M. de Roussel, p. 100. — *Almanach royal*, années 1783, 1784, 1785, 1786, 1787, 1788, 1789, 1790.

p. 122, dans l'*État militaire de la France* pour les années
1777 et 1784[1], dans l'*Almanach royal* de 1783 à 1789[2],
dans les archives du ministère de la guerre[3]. M. Potier
de Courcy, en son *Nobiliaire et Armorial de Bretagne*, t. III,
p. 174, a relevé les noms des maréchaux de camp et
fait observer qu'ils étaient précédés de titres héréditaires, personnels ou de courtoisie portés sur leurs
brevets ou commissions. Cette énonciation étant trop
générale nous avons dû recourir aux sources ci-dessus
quasi-officielles en leur temps pour établir la qualifica-
tion honorifique donnée à Pierre-Vincent-Gabriel Gicquel, qui prenait celle de marquis de Nédo en 1777,
alors qu'il était encore simple capitaine dans les gardes
françaises. Ce titre ne pouvait donc provenir de la dignité de maréchal de camp à laquelle il fut élevé le
5 décembre 1781 en même temps que le baron de Mon-
téjan. Il avait pris part à toutes les guerres de 1742
à 1748 et fait les campagnes d'outre-Rhin en 1761. Ses
états de service, conservés au ministère de la guerre,
constatent que Claude-François Gicquel fut blessé à la
bouche et à la jambe dans la bataille d'Eltingen. Le roi
lui accorda une pension de 7,000 livres le 15 décembre 1782. Le personnage qui nous occupe se trouve au
nombre des gentilshommes bretons, convoqués, en 1789,

1. p. 132 et 100.

2. p. 159, 162, 163, 164. (Voir Document XIX, page 138.)

3. États de service de Claude-François Gicquel, marquis du Nédo. (Voir, aux
Preuves, Document XX, page 141.)

aux états du pays et duché de Bretagne. Il fut un de
ceux qui protestèrent énergiquement contre l'arrêt du
conseil du 27 décembre 1788 et du 3 janvier 1789,
portant atteinte aux droits et aux intérêts de la noblesse du royaume[1]. Il passa à l'étranger, en compagnie
de son frère, le 2 juillet 1793, et ses terres de Crach,
Locoual, Plougoumelen, Baden, Arzal et Rostrenen,
sises dans les juridictions de Vannes et d'Auray, furent
vendues comme biens nationaux, de même que celles de
son frère[2]. Le marquis du Nédo était mort en 1826, à
l'époque où s'effectua la répartition du milliard d'indemnité accordé aux émigrés. La part qui lui revint
dans la liquidation fut recueillie par l'ayant-droit
Maxime-Pierre-Luc du Bouexic de Guichen, petit-fils
de Marie-Julie-Perrine Gicquel, veuve de Pierre-Fran-
çois-Saint-Guillaume-Esprit-Basile Calloët de Trégommar et sœur du marquis du Nédo[3].

1. *Catalogue des gentilshommes de Bretagne*, par MM. Louis de La Roque et
Édouard de Barthélemy, p. 37.

2. *Liste des émigrés*, t. II, p. 64-65. (Voir, aux *Preuves*, DOCUMENT XXI.)

3. *États détaillés des liquidations faites au profit des émigrés* au 1er avril 1826,
IIe partie. Morbihan, p. 10-11.

On voit dans l'*Indicateur* d'Hozier que le grand juge d'armes de France s'était
proposé de faire une généalogie de la maison de Gicquel et de s'occuper spécialement des seigneurs de Kerrel ou de Kergars, de Kergrugner, de Kerguiris, du Nédo,
de Kermainguy, de Caslan, de Couet du Bras, de Couetnuzzo, de Kerdreau, de
Kerloguen. (Voir *Indicateur nobiliaire ou table alphabétique des noms des familles
nobles* susceptibles d'être enregistrées dans l'*Armorial général* de feu M. d'Hozier,
Paris, 1818, in-8°, p. 117.)

BRANCHE

DES SEIGNEURS

DE LA VILLE HENRY

ET DE TOUCHES[1]

IX.

JEAN GICQUEL, fils cadet de Robert Gicquel, écuyer, sieur de Kerrel et de Kergars, et d'Anne ou Jeanne de La Haye, eut sans doute pour parrain son oncle Jean Gicquel, mentionné page 36. Il s'allia à NICOLE DU HAUTCHAMP, dame du Hautchamp, au diocèse de Tréguier où résidait aussi le rameau des Gicquel, sieurs de Rucazre et de Kerguizien. Ce Jean Gicquel paraît être le même que Jean Gicquel, époux de CATHERINE GICQUEL, dame de Kerguizien en Plouisy[2],

---

1. Saint-Allais, dans son *Nobiliaire universel,* tome XV, p. 362, a inséré une notice généalogique sur la maison de Gicquel et traité spécialement la branche des sieurs des Touches, la seule aujourd'hui survivante.

2. Les noms, armes et généalogies de tous les gentilshommes de Bretagne. Réformation de 1668, fonds français, 3 vol. in-fol., cabinet des titres, nᵒˢ 8317 (3674).

évêché de Tréguier. C'est sans doute à la suite de cette deuxième union qu'il dut reprendre les armes primitives de sa race, portées par le rameau de Kerguizien, et abandonner celles de la branche de Kerrel. Quoi qu'il en soit, à la fin du xviiie siècle, le nom de Kerguizien fut donné à un Gicquel des Touches. Jean Gicquel laissa entre autres hoirs :

— 1° Nicolas Gicquel, sieur de la Ville-Henry;

— 2° Yvonne Gicquel fit un legs à son frère Nicolas en 1569. Elle eut pour marraine Yvonne Houssaye, femme de Robert Gicquel, sieur de Kerrel et de Kergars, et tint sur les fonts, le 5 novembre, son neveu Jean Gicquel, baptisé à Notre-Dame de Guingamp [1].

X.

NICOLAS GICQUEL, sieur de la Ville-Henry, demeurait à Guingamp où il s'allia, le 18 avril 1655, à demoiselle MATHURINE DE RONCHEREAU, fille de Pierre Ronchereau du Latay et de Bourdonnais, et d'Étiennette Meunier ou le Moulnier [2], sortie d'une famille déjà alliée aux Gicquel, seigneurs de Kerrel. Le contrat fut reçu

1. Papiers domestiques de M. Albert-Auguste Gicquel des Touches, vice-amiral.

2. *Nobiliaire universel*, par Saint-Allais, t. XIII, p. 42.

par Guillaume Guigaut de Saint-Aubin. Mathurine donna
à son mari les rejetons ci-après :

— 1° JEAN GICQUEL, seigneur de la Ville-Henry, né
le 5 novembre 1659, baptisé en l'église paroissiale de
Notre-Dame de Guingamp, au diocèse de Tréguier. Il
épousa MARGUERITE LE MESLE[1], fille de Jacques le Mesle,
sieur du Porson, et de Marguerite Maillard[2], dont il eut
Thomas-Joseph Gicquel, sieur de la Ville-Henry, né le
21 août 1695, marié à *Anne de Baconnière,* veuve qui le
rendit père de Pierre-Jean Gicquel, venu au monde le
7 février 1723. Celui-ci devint frère récollet, c'est-
à-dire religieux de l'ordre réformé de Saint-François[3] ;

— 2° JEAN-BAPTISTE GICQUEL, sieur des Touches, qui
suit ;

— 3° TOUSSAINT GICQUEL, ondoyé, le 9 février 1670, dans
l'église Notre-Dame de Guingamp, fut tenu sur les fonts
baptismaux par Toussaint Loz, chevalier, et Anne de
Lanloup, dame de Kercabin, fille du sieur des Landes[4] ;

— 4° CHARLOTTE, femme du sieur DU VERGER[5].

1. Jean Gicquel, sieur de la Ville-Henry, prit une deuxième alliance avec
FRANÇOISE MOURAND. Anne de Baconnière mourut à Fougères en septembre 1767.

2. Papiers domestiques de M. Albert-Auguste Gicquel des Touches, vice-
amiral. — *Nobiliaire universel,* par Saint-Allais, t. XIII, p. 42.

3. *Idem.*

4. *Ibidem.*

5. *Ibidem.*

XI.

JEAN-BAPTISTE GICQUEL, sieur des Touches-Durant, en la paroisse de Pacé, près Rennes, fut inscrit sur les registres baptistères de Guingamp le 15 juin 1664[1]. Il contracta deux unions : la première avec JACQUETTE DURANT, le 10 janvier 1693, la deuxième avec FRANCOISE DE LAUNE, le 28 janvier 1698[2]. Il mourut à Rennes le 24 février 1819. Françoise de Laune fut inhumée dans la même ville le 19 octobre 1738[3]. Du premier lit vinrent ;

— 1° PIERRE GICQUEL, qui fut tenu, le 29 janvier 1694[4], sur les fonds baptismaux par Pierre d'Argentré, écuyer, sieur de Montoral[4] ;

— 2° PIERRE GICQUEL[5] ;

— 3° PERRINE-FRANÇOISE GICQUEL, qui eut pour parrain (5 octobre 1695), son oncle Jean Gicquel de la Ville-Henry[6].

1. *Ut supra.*

2. La bénédiction nuptiale fut donnée à l'église Saint-Jean de Rennes.

Il est question d'une GILLETTE GICQUEL dans un exploit du 1er mars 1689. Nous ignorons à quelle branche elle se rattachait.

3. Papiers domestiques de M. le vice-amiral Albert-Auguste Gicquel des Touches, préfet maritime à Lorient.

4. *Ibidem.*

5. *Ibidem.*

6. *Ibidem.*

Du second lit avec Françoise de Laune dérivèrent seize enfants, dont plusieurs décédés en bas âge :

— 1° GUILLAUME, né le 21 novembre 1698, religieux cordelier, mort à Rennes, dans son couvent, en odeur de sainteté;

— 2° JEAN-BAPTISTE, mort en bas âge [1];

— 3° GILLES-FÉLIX, qui va représenter le degré ci-dessous;

— 4° JEAN-LÉONARD, décédé enfant;

— 5° JEAN-BAPTISTE, officier de marine, qui se noya à Terre-Neuve, en 1729, en voulant doubler une pointe de cette île;

— 6° TOUSSAINT, né le 30 juin 1713;

— 7° JEANNE, décédée de bonne heure [2];

— 8° SUZANNE, *idem;*

— 9° ANNE;

— 10° JULIENNE;

— 11° MARIE;

— 12° Autre JEANNE, mariée au sieur TRILLARD, dont elle eut un fils du nom de *François* [3];

— 13° FRANÇOISE-PERRINE, ensevelie le 29 mars 1711;

— 14° MICHELLE-MARIE, baptisée le 12 octobre 1712;

1. *Ut supra.*

2. *Idem.*

3. La succession de Jean-Baptiste Gicquel, sieur des Touches, fut partagée entre noble Gilles-Félix Gicquel, sieur des Touches, sa sœur Anne et son neveu François Trillard, le 29 août 1740. La meilleure part des grandes et petites Touches échut à Gilles-Félix. (*Papiers domestiques de la famille Gicquel des Touches.*)

15° Autre ANNE, morte prématurément le 9 décembre 1714 ;

16° FRANÇOISE, inhumée le 23 avril 1716[1].

XII.

GILLES-FÉLIX GICQUEL, sieur des Touches, naquit à Rennes le 29 mars 1703. Il vint se fixer à Saint-Malo à l'époque de son mariage avec demoiselle de GAULTIER[2], veuve de Georges Le Blanc, qui résidait dans ladite ville[3]. Elle précéda son mari dans la tombe et fut ensevelie, le 11 avril 1765, en l'église cathédrale de Saint-Malo. Son mari décéda à Chambéry en Saint-Servan, le 2 mars 1771, laissant plusieurs enfants entre autres :

— 1° PIERRE-GILLES GICQUEL, sieur des Touches ;

— 2° MARIE-LOUISE GICQUEL, inscrite sur les registres des baptêmes de la cathédrale de Saint-Malo, le 30 juillet 1734 ;

— 3° FRANÇOISE-CHARLOTTE, née le 14 octobre 1736 ;

— 4° LOUISE, sœur de charité dans l'hôpital de Saint-Yves de Saint-Malo. Elle fut tenue sur les fonts par

1. Papiers domestiques de M. Auguste-Albert des Touches, vice-amiral.

2. DE GAULTIER : *D'or à trois losanges de gueules ; deux en chef, et un en pointe.*

3. *Nobiliaire universel,* par Saint-Allais, t. XIII, p. 42. — Papiers domestiques de M. Albert-Auguste Gicquel des Touches, vice-amiral.

Pierre d'Humières, écuyer, et par Anne Gicquel, sa tante[1].

XIII.

PIERRE-GILLES GICQUEL, sieur des Touches, visiteur des poudres et salpêtres de Bretagne, receveur des domaines du duc de Penthièvre, naquit à Saint-Malo le 27 septembre 1737. Il épousa, le 9 octobre 1764, en l'église Sainte-Enogat, près Saint-Malo, demoiselle LOUISE-THOMASSE LE BLANC, originaire de Dinard et fille d'Yves Le Blanc et de Guillemette Vallée. Thomasse Le Blanc était issue du viel estoc des Le Blanc, qui a produit entre autres personnages distingués messire Louis Le Blanc, intendant de la généralité de Rouen en 1679 ; N. Le Blanc, ministre et secrétaire d'État au département de la guerre en 1720 ; messires Hyacinthe, César et Denis-Alexandre Le Blanc ; le premier évêque de Joppé (1728), le second d'Avranches (1744), et le troisième de Sarlat en Périgord. A la même famille appartenaient l'abbé Michel Le Blanc, historiographe des bâtiments du roi, messire N. Le Blanc, seigneur de Châteauvillars, maître des requêtes en la chambre des comptes de Paris (1752).

1. *Ut supra.*

Les Le Blanc, alliés aux du Guesclin et aux Rohan-Guéménée, portaient : *de gueules, à trois bandes d'or.* Louise-Madeleine Le Blanc s'allia, vers 1720, à haut et puissant seigneur messire Claude-Constant-Esprit Jouvenel des Ursins, marquis de Traisne, colonel du régiment des dragons d'Orléans, et brigadier des armées du roy. Celui-ci fut père d'autre messire Claude-Constant-Esprit Jouvenel des Ursins, qui fut aussi un haut dignitaire de l'armée et qui épousa, le 20 février 1744, demoiselle Marie-Antoinette Gouyon de Matignon, fille de messire Marie-Thomas-Auguste Goyon marquis de Matignon, brigadier des armées du roy, et de dame Edme-Charlotte de Brenne[1].

Pierre-Gilles Gicquel trépassa le 11 octobre 1802. Sa postérité fut presque aussi nombreuse que celle de son grand-père, mais, en 1817, trois d'entre eux seulement avaient survécu :

— 1° FRANÇOIS-PIERRE-LOUIS-MARIE GICQUEL, sieur des Touches, né à Dinard le 11 mai 1768 ; il habitait Saint-Malo. Il fut père de — I. *François Gicquel,* mort sans enfants ; — II. *Adèle Gicquel,* mariée à *M. Gauthier.*

— 2° PIERRE GUILLAUME GICQUEL DES TOUCHES, baptisé le 20 avril 1770[2], montra de bonne heure un goût prononcé pour la marine, et fit partie, dès l'âge de quatorze ans, d'un voyage d'exploration sur la côte de

1. Papiers domestiques de M. e vice-amiral Gicquel des Touches.
2. *Idem.*

Guinée. Ses dispositions merveilleuses pour les calculs astronomiques lui méritèrent l'estime de M. d'Entrecasteaux, qui l'attacha à sa personne et l'incorpora dans l'expédition qui devait aller, sous sa conduite, à la recherche de la Pérouse. La qualité d'habile observateur est donnée à Pierre-Guillaume Gicquel des Touches par le savant ingénieur M. Beautemps - Beaupré. M. d'Entrecasteaux rendit un hommage éclatant aux services et aux travaux de son jeune compagnon en appliquant le nom de Gicquel à un promontoire du sud de la terre de Van Diémen et à une autre pointe de la même région. De 1795 à 1799, le personnage qui nous occupe s'embarqua sur *le Tyrannicide,* commandé par le chef de division Allemand et compris dans l'armée navale de la Méditerranée. Il fit ensuite une croisière dans l'Atlantique sur *la Régénérée,* qui perdit sa mâture dans un combat contre les Anglais. Pierre-Guillaume Gickel vint relâcher à Ténériffe, où il se maria. En 1800 il montait la corvette *le Géographe,* qui devait faire une excursion aux terres australes sous les ordres du capitaine Baudin. Celui-ci, étant au mouillage à l'Ile de France, dépêcha son lieutenant à Paris pour porter au ministre des instructions importantes. Il profita de cette occasion pour présenter au ministre de la marine des projets de croisières. Ces plans n'ayant point reçu l'accueil qu'ils méritaient, Pierre-Guillaume Gicquel des Touches donna sur-le-champ sa démission, quitta la

France et alla se fixer à Sainte-Croix de Ténériffe. Durant son séjour en cette île il arma un vaisseau pour Mozambique, par suite de divers incidents qui le dévièrent de sa route, le marin français arriva à Buenos-Ayres, au moment où les Anglais se disposaient à bombarder cette ville, qui fut sauvée par le sang-froid et le courage de Gicquel des Touches. Sa goëlette embossée dans le port, en face de la rue principale, mitrailla si victorieusement les Anglais, qu'ils s'engagèrent, à la suite d'une capitulation, à ne plus rien tenter contre Buenos-Ayres. Les habitants de Buenos-Ayres lui témoignèrent leur reconnaissance par l'envoi et le don d'un mulet chargé de piastres fortes. M. de Linières, gouverneur général, lui offrit le brevet de colonel et la conduite d'un régiment. Gicquel repoussa ces présents, mais il accepta un cercle de Mendoza et des lettres de congratulation qui constataient son action héroïque. Il avait regagné Ténériffe, où il résidait depuis quelque temps lorsque le général Daendels aborda dans cette île sans savoir comment il pourrait se diriger sur Batavia, dont il était gouverneur [1]. Gicquel, dit Levot dans sa *Biographie bretonne,* « lui fut désigné comme « le seul homme capable de le conduire. Après une

---

1. Le général Daendels lui proposa des sommes considérables pour décider Pierre-Guillaume Gicquel à le guider dans son voyage aux îles de la Sonde. Ce mode de récompense n'ayant pas été accepté, le général lui offrit de rentrer dans la marine avec le grade de capitaine de vaisseau. Cette promesse détermina Pierre-Guillaume à partir pour Batavia.

« traversée de cent cinq jours, pendant laquelle il sut
« dérober sa marche aux croiseurs anglais, le navire
« américain qu'il avait frété arriva à Batavia sans avoir
« vu d'autre terre que celle de Java, sur laquelle il at-
« territ le 1ᵉʳ janvier 1808, par une grande brume, tant
« il était sûr de l'exactitude de ses observations. Le
« général Daendels ayant déterminé Gicquel à rester
« à Java, le nomma aux fonctions d'adjudant général
« de la marine, qu'il remplit jusqu'à la prise de l'île,
« en 1811. Les services qu'il rendit pendant ces trois
« années sont immenses. La marine hollandaise était
« nulle, les côtes étaient journellement dévastées par
« les pirates de la Sonde et de l'île Célèbes. Gicquel
« se chargea de pourvoir aux seuls moyens de se dé-
« barrasser de ces ennemis. Il parcourut les forêts, re-
« cueillit les plantes propres à faire des câbles et du
« filin, abattit les bois, et, se faisant ingénieur, il con-
« struisit, avec le secours d'ouvriers qu'il forma lui-
« même, cent quarante-cinq bâtiments de diverses
« grandeurs, portant une ou deux pièces d'artillerie. Il
« les fit monter par des canonniers, des matelots, des
« capitaines même, qu'il forma également, et en moins
« d'une année il eut purgé les côtes de Java des essaims
« de pirates qui les infestaient. » Les Anglais s'étant
rendus maîtres de l'île lui firent les offres les plus sé-
duisantes pour le décider à rester dans le pays, mais
il préféra aux avantages matériels une captivité plus

honorable pour son patriotisme et plus satisfaisante pour sa conscience. Rendu à la liberté en 1814, il fut réintégré dans les cadres de la marine comme capitaine de vaisseau. Deux ans après il fut appelé à faire valoir ses droits à la retraite lors de la réduction des cadres de la marine. On lui doit un grand ouvrage intitulé :

— *Tables comparatives des principales dimensions des bâtiments de guerre français et anglais de tous rangs, de leur mâture, gréement, artillerie, etc., d'après les derniers règlements; avec plusieurs autres tables relatives à un système de mâture proposé comme plus convenable que celui actuel, aux bâtiments de guerre français; ouvrage utile aux officiers de la marine royale*[1]. Plusieurs autres publications sont également sorties de sa plume. Dans le nombre nous pouvons citer : — *Traité des manœuvres courantes et dormantes contenant le gréement des bâtiments marchands de différentes espèces, de trente-quatre à quinze pieds de largeur*[2]. — *Lettre contenant des renseignements importants sur les îles de Tristan d'Acunha.* — *Instruction sur la route d'Europe à Rio de la Plata, et sur la navigation de ce fleuve*[3]. Pierre Guillaume laissa deux enfants — I. *Barthélemy Gicquel des Touches,* mort sans postérité à Ténériffe; — II. *Virginie Gicquel des Touches.*

— 3° JEAN-JACQUES-CHARLES GICQUEL, mort en bas âge;

1. Paris, Bachelier, 1817, in-4°.
2. Paris, Simonnet, 1818, in-8°.
3. *Annales maritimes* de 1820, partie non officielle, p. 301-336.

— 4° Louis Gicquel, fut tué à l'ennemi ;

— 5° Jean-Olivier Gicquel, qui reçut le premier sacrement, le 17 février 1782, en l'église paroissiale de Saint-Jean de Rennes ;

— 6° Auguste-Marie Gicquel, ondoyé le 26 août 1784, qui va continuer la descendance ;

— 7° Frédéric-Marie Gicquel fut tenu sur les fonts baptismaux par Louis Gicquel, sieur de Kerguisien, et Marie-Louise-Renée Gicquel, sa sœur ;

— 8° Louise-Jeanne Gicquel, décédée en bas âge, le 2 février 1767 ;

— 9° Victoire-Marie Gicquel, ensevelie à Combourg, le 11 octobre 1779 ;

— 10° Françoise-Louise Gicquel, inhumée aussi à Combourg, peu de temps après sa sœur qui précède ;

— 11° Marie-Louise-Renée Gicquel, née le 4 mai 1780 ;

— 12° Perrine-Françoise , morte tout enfant le 24 octobre 1788 [1].

XIV.

AUGUSTE-MARIE GICQUEL DES TOUCHES naquit à Rennes le 17 août 1784, il débuta, sur la frégate *la*

1. Tous les enfants ci-dessus mentionnés ont été relevés dans les archives de M. Albert-Auguste Gicquel des Touches, où sont conservés les extraits de naissance et de décès.

Gentille, dans un combat livré, le 13 prairial an II, par l'amiral Villaret-Joyeuse, à l'escadre anglaise de Howe, commodore anglais. Le 25 vendémiaire an III, on retrouve le marin breton naviguant vers la Guadeloupe sur la flûte *le Ferme.* Près des atterrages de l'île, le bâtiment français se trouva en présence d'une division de frégates britanniques qui le forcèrent à se réfugier dans la baie de Saint-François, où il fut mitraillé par les vaisseaux ennemis. Une partie de l'équipage parvint à gagner la terre, mais le jeune Gicquel n'ayant pu s'embarquer tomba aux mains des Anglais avec le lieutenant et quinze autres matelots. Les prisonniers furent transbordés sur le *Québec,* qui les conduisit d'abord au Port-Royal, dans la Martinique, et ensuite en Angleterre, où ils furent échangés et rendus à la liberté. Le 15 vendémiaire an V, Auguste-Marie Gicquel des Touches avait repris du service sur le vaisseau *le Nestor,* qui faisait partie de la flottille destinée à opérer en Irlande sous le commandement de l'amiral Morard de Galles. Il devint novice le 1er fructidor an VI, aspirant de 2e classe le 20 germinal an VII, et coopéra sur les vaisseaux *le Jean-Bart* et *le Desaix* à toutes les expéditions entreprises pendant les années VII, VIII et IX par les amiraux Bruix, Ganteaume et Linois, soit dans l'Océan, soit dans la Méditerranée, soit à Saint-Domingue. Sa belle conduite fut remarquée par ses chefs dans plusieurs batailles navales et notamment à celle d'Algésiras. Le 17 messidor an IX, pendant cette lutte à outrance où les pertes des Anglais dépassèrent les nôtres, le jeune Gicquel se tint constamment en observation sur la dunette. Son commandant signala cet acte héroïque à l'amiral Linois, qui le nomma enseigne, bien qu'il n'eût pas encore l'âge requis. Au mois de nivôse an X, *le Desaix* vint s'échouer sur les brisants de Picolet (Saint-Domingue). M. Gicquel, en cette désastreuse circonstance, prévint par son activité la chute de la mâture, qui menaçait le pont. Il passa du *Desaix* sur *l'Intrépide* avec la qualité d'aspirant de 1re classe. Durant cette campagne périlleuse, il déploya une activité et un courage inouïs. Les nègres insurgés étaient sur le point de passer la rivière de Galifet lorsque Auguste-Marie Gicquel vint leur barrer le passage avec un bateau armé. Ce hardi coup de main empêcha les noirs d'occuper le haut cap. Le 3 brumaire an XII il fut promu au grade d'enseigne et reçut, le 15 pluviôse suivant, la croix de la Légion d'honneur. On le voit ensuite coopérer, sur *l'Intrépide,* aux grandes luttes navales qui eurent pour théâtre la Méditerranée, la mer des Antilles et les côtes d'Espagne dans l'escadre de l'amiral Villeneuve[1]. Son capitaine lui confia un

---

1. Trois mois avant la bataille de Trafalgar, les armées combinées, sous les ordres des amiraux Villeneuve et Grovino, étant à la cape sous le grand hunier et la misaine, Auguste-Marie Gicquel sauvait dans un canot de six avirons un homme tombé à la mer. Les officiers de *l'Intrépide* se réunirent pour dresser procès-verbal de cet acte d'héroïsme.

poste d'honneur, réservé d'habitude à un lieutenant de
vaisseau, en plaçant sous ses ordres la compagnie de
débarquement. Il assista et concourut, le 3 vendémiaire
an XIII, aux combats du cap Finistère et de Trafalgar,
où *l'Intrépide* soutint le choc de quatre ou cinq vaisseaux
ennemis. Le capitaine Infernet, de glorieuse mémoire,
qui le commandait, refusait de se rendre, bien qu'ayant
perdu toute la mâture de son vaisseau et la majeure
partie de ses hommes. A cette calamiteuse journée de
Trafalgar, Gicquel dirigeait l'artillerie et la manœuvre
du gaillard d'avant. Après l'action et le départ du commandant Infernet, transporté à bord de *l'Orion*, il sut
sauvegarder l'ordre parmi ses gens et se faire respecter
par les deux cents Anglais qui avaient amariné le
vaisseau. Au milieu de la tempête, qui suivit la bataille,
il sut dominer par son énergie les matelots anglais et
français, les maintenir pour pomper et assurer le salut
de tous. Le vent ayant faibli, le contre-amiral anglais Northeak, qui montait le trois-ponts de *la Britannia*, plein d'admiration pour son adversaire fit éva-
cuer *l'Intrépide* en prescrivant à Gicquel de rester à
bord pour présider à cette opération. Northeak déclara que son intention était de rendre la liberté à son
prisonnier et de le débarquer sur un point de la côte
d'Espagne pour reconnaître sa belle conduite. Les trois
cents marins français, dont la plupart étaient blessés,
venaient d'être transbordés, lorsque la brise ayant

fraîchi de nouveau emporta *la Britannia* au large. Gicquel
resté seul sur son bâtiment à moitié coulé ne fut
recueilli qu'à neuf heures du soir par *l'Orion*. Amené
en Angleterre, il ne fut libéré qu'au bout de cinq ans
de captivité, en mars 1811, grâce à l'intervention de
l'amiral Northkest qui, de retour en Angleterre, s'empressa d'exécuter sa promesse d'autrefois. Auguste-
Marie Gicquel, après son rapatriement, fut envoyé en
mission à Toulon, où il trouva sa nomination de lieutenant de vaisseau, datée du 11 juillet 1811, et l'ordre de
se rendre à Gênes pour y organiser le 68ᵉ équipage de
haut bord et armer le vaisseau *l'Agamemnon*. L'année
suivante il fut investi des fonctions de second à bord
de *la Dryade,* commandée par le capitaine Baudin.
C'est sur cette frégate qu'il se signala au combat du
Romulus, livré le 13 février 1814 entre les îles d'Hyères
et le goulef de Toulon. Au mois d'août de la même
année il passa sur *l'Amphitrite* à destination de Pondi-
chéry et, en février 1815, sur la gabare *l'Infatigable* qui
devait aller stationner à Saint-Pierre, Miquelon et
Terre-Neuve. Contre-ordre lui fut donné par le gouvernement des Cent-jours, qui le fit rentrer à Rochefort.
Il venait de former une flottille à Bayonne, lorsqu'à la
sortie des passes de Montmousson, deux ou trois cor-
vettes anglaises se mirent à lui donner la chasse et
l'obligèrent à relâcher dans la Gironde. La Restauration
le créa chevalier de Saint-Louis et l'appela, en 1816, au

commandement de la flûte *la Salamandre*, et, peu de temps après, à celui de la gabare *la Loire*. Il fit voile, au mois de juin suivant, pour le Sénégal, en compagnie de la frégate *la Méduse*, dont tout le monde connaît la fin tragique. Ce désastre eût pu être prévenu si M. de Chaumareix eût poursuivi sa route avec *la Loire*, ou s'il eût ponctuellement observé les conseils écrits que M. Gicquel lui avait remis lorsque *la Méduse* s'éloigna de l'île d'Aix. Ce naufrage et ses conséquences terribles inspirèrent à M. Gicquel l'idée d'installer à bord des bâtiments un magasin général. Cette sage innovation, étendue depuis à tous les bâtiments de l'Etat, a fait réaliser dans les dépenses de la flotte des économies considérables. En septembre 1817, durant un congé, il traduisit de l'anglais une infinité de publications nautiques sur les côtes de la Manche et de l'Amérique. Ses loisirs furent aussi consacrés à la rédaction d'un long mémoire sur les courants de l'Atlantique et à compléter le manœuvrier de Bourdé de la Ville Huet. « Les *Annales maritimes*, dit M. C. Mullié [1], « contiennent aussi de lui un travail relatif à quelques « modifications sur les constructions navales, sur le « gréement, la mâture, sur l'installation des bâtiments « de l'Etat, sur leur arrimage, sur l'artillerie, telle que « la substitution du 30 au 36 [2], et les avantages qui

1. *Biographie des célébrités militaires.*
2. Pour uniformiser les calibres.

« en découleraient, etc., modifications qui ont toutes
« été adoptées et mises en pratique plus ou moins
« promptement, et qui sont depuis 1844 réglemen-
« taires. » Auguste-Marie Gicquel fut élevé au rang
de capitaine de frégate, le 1ᵉʳ septembre 1819, et
chargé par le ministre d'armer la frégate *la Jeanne
d'Arc,* construite sur des plans nouveaux. Il naviqua à
son bord dans les parages de la Méditerranée et de
l'Archipel jusqu'au moment où les Grecs se soule-
vèrent pour s'affranchir de la tyrannie ottomane. D'un
voyage à Alexandrie, en Égypte, il rapporta des notes
politiques et commerciales qui lui valurent après examen l'approbation et les remerciements du cabinet
d'alors. Au mois de décembre 1822 il prit le commandement du brick *le Cuirassier* qui était en rade à Toulon
et vint croiser entre les îles Baléares et le cap Palos en
Espagne. Cette croisière avait pour but de surveiller
une partie du littoral où devait s'effectuer le débarquement d'une armée française dans l'intérêt des Bourbons
espagnols. Rentré à Toulon, Auguste-Marie Gicquel
appareilla, le 13 avril, pour aller rejoindre la frégate
la Junon qui croisait entre Barcelone et Malaga, remit
au chef des forces navales françaises des ordres très-
urgents et l'informa de l'entrée de nos troupes dans
la Péninsule sous le commandement de Mgr le duc
d'Angoulême. Le gouvernement de la Restauration
reconnut ses brillants services, le 19 août 1827.

Il lui conféra le grade de capitaine de vaisseau. La monarchie de Juillet le nomma, le 18 avril 1831, directeur des mouvements du port de Brest, officier de la Légion d'honneur le 27 juillet 1832 et commandeur le 28 avril 1841. Il apporta dans sa nouvelle fonction un esprit de réforme sage et pratique en organisant les gabiers de port et les pompiers de la marine [1]. Auguste-Marie Gicquel des Touches contracta deux alliances : la première, avec Mlle SIDERF, dont il eut :

— 1° ALBERT-AUGUSTE GICQUEL DES TOUCHES [2], vice-amiral qui suit;

— 2° AUGUSTE-MARIE GICQUEL DES TOUCHES, capitaine de frégate, officier de la Légion d'honneur, n'est point marié ;

— 3° CHARLES-AUGUSTE, mort à vingt-deux ans, enseigne de vaisseau, au combat de Pétropawlosk, pendant la guerre de Crimée. Il fut frappé d'une balle en conduisant la compagnie de débarquement du brick *l'Obligads* à l'attaque d'une position occupée par les Russes ;

— 4° HENRI, décédé en bas âge;

— 5° LOUISE,

— 6° ADÈLE, mortes sans postérité ;

— 7° FÉLICIE,

Du deuxième mariage d'Auguste-Marie Gicquel avec

1. *Biographie des célébrités militaires des armées de terre et de mer, de 1789 à 1850*, par M. C. Mullié, t. I, p. 566-568.

1. Registre des naissances de la ville de Brest pour l'an 1818, folio 58, archives communales de Brest.

Mlle THÉRÈSE LE FER DE LA SANDRE naquit un fils nommé Louis, qui vécut peu.

XV.

ALBERT-AUGUSTE GICQUEL DES TOUCHES, vice-amiral, grand officier de la Légion d'honneur, commandant en chef et préfet maritime à Lorient, a épousé, en 1844, ZOÉ-FLAVIE THIRAT DE CHAILLY, fille de Pierre Thirat de Chailly, capitaine de vaisseau, et de Zoé Le Forestier de la Meltrie. Ils ont eu trois enfants :

— 1° ALBERT-MARIE, mort en bas âge ;

— 2° ALBERT-AUGUSTE-MARIE GICQUEL DES TOUCHES, lieutenant d'état-major, né le 26 novembre 1851 ;

— 3° MARIE - GABRIELLE - ZOÉ GICQUEL DES TOUCHES.

M. Albert-Auguste Gicquel des Touches, vice-amiral, est non-seulement le chef du rameau des Gicquel, sieurs de la Ville-Henry et des Touches, mais il résume encore en sa personne toutes les branches préexistantes de sa maison, aujourd'hui éteintes, notamment celles des seigneurs de Kerrel, de La Lande, de Rucazre, de Kerguisien et des marquis du Nédo, etc. Saint-Allais, dans son *Nobiliaire universel* et dans la notice consacrée aux Gicquel, n'a dressé que la filiation des sieurs des Touches par la raison que leur branche était la seule survivante et unique héritière des noms, armes et qualités jadis possédés par les autres. Or les Gicquel, sieurs du Nédo, dans la seconde moitié du xviiie siècle, sont qualifiés *marquis* dans les ouvrages du temps et surtout dans ceux qu'on peut considérer comme les organes de la Cour. Claude-François Gicquel du Nédo, d'abord capitaine aux gardes françaises et ensuite maréchal de camp (1781), est en effet titré « marquis du Nédo » dans le *Tableau historique de la noblesse,* par le comte de Waroquier, t. Ier, p. 122, dans *l'État militaire de la France* pour les années 1777 et 1784[1], dans l'*Almanach royal* de 1783[2], 1784[3], 1785[4], 1786[5], 1787[6], 1788[7], 1789[8], dans les états de service conservés aux archives du ministère de la guerre. Claude-François Gicquel du Nédo est désigné avec le titre de comte du Nédo dans les *États détaillés des liquidations faites au profit des émigrés,* deuxième compte, 1826, Côtes-du-Nord[9].

Au point de vue de la législation ancienne, qui réglait la transmission des titres, et de la nouvelle qui n'y contredit point, les Gicquel existants sont pleinement

1. p. 132 et 100.
2. p. 159.
3. p. 162.
4. p. 162.
5. p. 163.
6. p. 163.
7. p. 163.
8. p. 164.
9. Ouvrage publié par le ministère des finances.

dans leur droit en demandant à la commission du sceau
que le titre de marquis, éteint au commencement du
siècle courant dans la personne de Claude-François
Gicquel, sieur du Nédo, soit relevé à leur profit. Au
moyen âge et jusqu'en 1789, lorsque la masculinité
finissait dans une branche aînée, ses droits honorifiques
étaient recueillis par la cadette, qui venait après dans
l'ordre graduel. Ces maximes furent consacrées par
arrêt du 31 juillet 1759. Sur les conclusions du président Séguier, la cour ordonna que les titres de noblesse
laissés par le dernier membre des Titon-Villegenou,
branche aînée, fussent remis par sa fille et héritière à
un mâle d'un rameau puîné[1]. Ce jugement ne fit que
confirmer cette vieille doctrine de droit féodal : « Primo
« defuncto et excluso, secundus sequens dicitur primus,
« et tertius sequens dicitur secundus, et sic de singulis.»
Ces principes, ajoute Jean Scohier, s'appliquent non-
seulement à des frères, mais à toutes les branches qui se
succèdent ainsi alternativement dans leurs droits ; les
aînées qui disparaissent sont remplacées tour à tour par
les cadettes qui restent. Cette dévolution naturelle, il

---

1. *Collection de décisions*, par Denisart, art. Noblesse, p. 368.

2. Dans son *Estat et comportement des armes*, in-folio, 1597, Jean Scohier
dit : « Ce doit être entendu non-seulement entre frères mais, suivant la coutume
« générale de l'office des armes, de tout temps observée entre roys et poursuivans
« d'armes, est entendu qu'estant la branche du premier, qui est aisnée, morte et
« évacuée, le second suivant, c'est-à-dire la branche du second fils que disons
« *linea secunda genitorum*, rentre au droit de *primo genitorum*, et ainsi des
« autres branches et arrière-branches. »

est vrai, ne concerne que la ligne masculine, ce qui est le cas de M. Albert-Auguste Gicquel des Touches, vice-amiral, représentant actuel de toutes les lignes de sa maison.

En résumé, avant 1789, quand un titre devenait vacant par la mort du titulaire et l'extinction de sa postérité, il passait à la branche collatérale la plus proche qui le recueillait, selon Tiraqueau, *consequentia rei hereditariæ* dans celui de ses membres qui avait l'idonéité voulue. Dès lors tous les honneurs collectifs de la famille incombaient au survivant. M. Albert-Auguste Gicquel des Touches, en sollicitant une reconnaissance ou renouvellement du titre de marquis porté par les Gicquel, sieurs du Nédo [1], ne ferait que réclamer l'application de vieux préceptes juridiques qui, en cette matière, ont toujours servi de base à la jurisprudence moderne.

1. M. Potier de Courcy, en son *Nobiliaire et armorial de Bretagne,* t. III, p. 174, a enregistré les noms des quelques maréchaux de camp promus en 1781 et cité, parmi ceux qui étaient pourvus de titres, Gicquel du Nédo.

BRANCHE

DES

SEIGNEURS DE LA LOHIÈRE

OU DE LA HOLIÈRE

Cette branche, l'aînée de toutes les autres, doit être considérée comme la souche de la race qui nous occupe. Il a été malheureusement impossible de reconstituer régulièrement ses générations jusques à 1200, époque où nous voyons apparaître le personnage suivant :

JEAN GICQUEL possédait le fief de la Holière dans le territoire de Guer [1]. On sait qu'il fut père de JEAN GICQUEL, évêque de Rennes, dont nous avons relaté ailleurs la sainte et militante carrière. Ce dernier occupa ledit siége de 1237 à 1258.

Après lui, nous perdons la trace de son lignage jusques à la fin du XIVe siècle, au moment où il était représenté par Amaury et Isabeau Gicquel :

1. Voir plus haut p. 3, texte et note.

AMAURY GICQUEL, Guillaume de la Forest et frère
Eustache Cueilly, contre-signèrent les lettres par
lesquelles Arthur, comte de Richemont, fils du duc de
Bretagne, ordonnait à Jean de Châteaugiron, son
secrétaire et trésorier, d'acquitter la soudaierie de
813 hommes d'armes et des capitaines qui avaient
coopéré au siège de Parthenay. L'histoire a retenu le
nom de ces valeureux chefs qui étaient : Étienne de
Verrières, Thomas Treffily, Jean Guymar, Pierre An-
gier, Olivier Morvan, Pierre Perceval. Amaury Gicquel
transigea, en 1401, avec son beau-frère Jean le Prestre[1].
Ce dernier mourut sans postérité, laissant le fief héré-
ditaire de sa race à sa sœur Isabeau [2].

ISABEAU DE GICQUEL, co-seigneuresse de la Holière, fut conjointe, vers 1395, à JEAN LE PRESTRE,
premier du nom, qui s'accorda au sujet de la dot de sa
femme, le 24 mai 1401, avec Amaury de Gicquel. Isabeau
donna à son mari le suivant : — *Jean le Prestre II*, seigneur
de la Holière et de Ménart, qui figure dans un serment
de vasselage, prêté en 1434 au duc de Bretagne par les
châtelains de Hédé et d'Aubigné [3]. Tous les biens
d'Amaury de Gicquel et par conséquent la terre de

1. *Histoire de Bretagne,* par Dom Lobineau, t. II, p. 903. — (Voir, aux *Preuves*,
page 144, DOCUMENT XXIII.)

2. *Dictionnaire de la noblesse,* par La Chesnaye des Bois, 2ᵉ édition, t. XI,
p. 515-516.

3. *Dictionnaire de la noblesse,* par La Chesnaye des Bois, 2ᵉ édition, t. XI,
p. 515-516.

la Holière passèrent à sa sœur Isabeau [1], qui les transmit à son fils Jean le Prestre. Ce dernier se montre
dans une revue des nobles de l'évêché de Saint-Brieuc
en 1479. Il s'était allié, avant 1443, à Béatrice de
Peillac, sœur de noble et puissant Jean de Peillac [2].
La châtellenie de la Lohière, fief patrimonial des Gicquel
bien avant 1200, échut, comme on vient de le voir, aux
Le Prestre, qui la gardèrent jusqu'au XVIe siècle. Une
héritière de leur race l'apporta au baron d'Avaugour
d'après le *Bulletin de la Société archéologique d'Ille-et-
Vilaine* auquel nous empruntons les lignes ci-après :

MANOIRS ET TERRES NOBLES.

« *La Lohière.* — Cette maison noble appartenait, au
« XIVe siècle, à la famille Gicquel. On sait que JEAN
« GICQUEL, évêque de Rennes en 1235, prit la croix, fit
« le voyage de terre sainte, en 1248, avec le roi saint
« Louis, et se distingua, au rapport de Joinville, dans
« les combats contre les Sarrasins. La famille Le Prestre
« vint ensuite habiter la Lohière, par suite du mariage
« contracté, en 1401, entre JEAN LE PRESTRE et ISABEAU
« GICQUEL, dame de la Lohière. C'est ce Jean le Prestre,

1. Une ALICE GICQUEL, mariée à PEROT HENRI, en 1405, coexistait par conséquent avec Isabeau Gicquel, dame de la Lohière. On trouve sa trace dans le *Nobiliaire et armorial de Bretagne*, par Potier de Courcy, 2e édition, t. I, p. 430.

2. *Dictionnaire de la noblesse*, par La Chenaye des Bois, 2e édition, t. XI,
p. 515-516.

« seigneur de la Lohière, que mentionne la réforma-
« tion de 1427. Plus tard, en 1513, Jean le Prestre,
« seigneur du Breil, possédait *la maison et manoir*
« *de la Lohière, ô les fiefs et jurisdiction dudit lieu*
« *sans nulle adjonction de roture.* La branche des
« Le Prestre de la Lohière se fondit dans la maison
« d'Avaugour de Saint-Laurent. En 1639 vivaient
« François d'Avaugour et Jeanne Frain, seigneur et
« dame de la Lohière et de Guer ; ils habitaient vrai-
« semblablement la Lohière [1]. »

JEAN GICQUEL, cousin des précédents, possédait
une maison acquise de Jean de la Grée, à proximité de
la Lohière, dont Jean le Prestre était alors seigneur
comme héritier d'Ysabeau Gicquel, sa mère [2].

1. *Bulletin et mémoires de la Société archéologique du département d'Ille-et-Vilaine*, t. VIII, p. 93-95 :

« L'église de Loutéhel est neuve, mais sans intérêt; elle a remplacé un ancien
« édifice où l'on voyait la chapelle primitive des seigneurs du Plessix-Hudelor,
« et les enfeux des seigneurs de la Lohière et du Breil.

« Il y avait autrefois deux chapelles en Loutéhel : celle du manoir de la
« Lohière, abandonnée maintenant, et celle du Plessix-Hudelor, restaurée en 1828,
et donnée par Mme de Chassonville, propriétaire de ce château, à la fabrique de la
paroisse. » *Ut supra.*

2. Ainsi qu'il appert de cet extrait du manuscrit de M. Cunat :

« MAURE. »

Ceux qui veulent s'exempter :

« Jean le Prestre, sieur de la Lohière, a plusieurs rot. qu'il veust exempter et
ne contribue point.

« *Jean Gicquel* a la maison et mesnage qui fut à Jean de la Grée, qu'il veust
affranchir. »

(*Évesché de Saint-Malo.* Manuscrit de M. Cunat... Documents inédits publiés
par M. des Salles, p. 225.)

BRANCHE

DES

GICQUEL

SEIGNEURS DE LA LANDE, DU FRESCHE,

DE BEAUSEMAINE, DE GUÉRAY,
DE LA VILLE-BOURNO, DES CHARTREUX, DU PRÉRIO [1]

I.

PIERRE GICQUEL [2], seigneur de la Lande, paroisse d'Henansal, diocèse de Saint-Brieuc, et de plusieurs fiefs compris dans la paroisse de Nevillac et de Derval (évêché de Nantes) où il résidait primitivement, fut déclaré d'ancien lignage dans les réformations de 1427 et de 1455 [3]. Il avait été également maintenu dans son

1. Il nous a été impossible de raccorder cette branche à celle des seigneurs de Kerrel.

2. Il avait certainement pour frère GUILLAUME GICQUEL possesseur, en 1455, du fief de Villevelours dans les paroisses de Nevillac et de Derval, évêché de Nantes.

3. Archives domestiques de M. Albert-Auguste Gicquel des Touches, vice-amiral et préfet maritime à Lorient.

rang de gentilhomme par mandement du duc François en 1444. Pierre Gicquel servait, l'an 1453, en qualité d'homme d'armes [1]. On le retrouve, les mardi et mercredi 5 et 6 de mai 1472, dans une montre de l'archidiaconé de Dinan, en l'évêché de Saint-Malo [2]. Il vint se fixer à Saint-Brieuc par suite de son mariage avec JEANNE DE JUHEL, dame de la Lande [3] qui le rendit père de :

II.

JEAN GICQUEL, sieur de la Lande et de Couesquin, souscrivit, au mois de février 1461, une supplique adressée au saint-père pour obtenir la transformation des chanoines réguliers de Saint-Malo en chanoines séculiers ordinaires [4]. Le sieur de la Lande et sa sœur Jeanne fournirent, le 29 novembre 1488, aveu pour plusieurs terrains, sis en l'herbement de la Bruchaie, à René de Bruc, premier du nom, écuyer, seigneur de

1. *Ut supra.*
2. *Evesché de Saint-Malo, ancienne réformation...* Manuscrit ayant appartenu à M. Charles Cunat... Publié par M. Henri des Salles, p. 318.
3. *Reformation de la noblesse de Bretagne,* faite les années 1667, 1668, 1669, 1670, 1671 et continuée jusqu'en 1717. Vol. II, grand in-folio, catalogué H. 1875 A; manuscrit sans pagination, bibliothèque Mazarine. — *Armorial de Bretagne,* par A.-P. Guérin de la Grasserie, t. I, p. 204.
4. Archives domestiques de M. Albert-Auguste Gicquel des Touches, vice-amiral et préfet maritime à Lorient. Vieux mémoire manuscrit, in-folio.

Bruc, d'Esdrieux, de Vieillecourt, de la Mélinaye, etc.[1]. Le rôle le qualifie « Dom Jean Gicquel et sieur de Couesquin, paroisse d'Evran », dans une montre, passée en l'archidiaconé de Dinan les 5 et 6 mai 1472 [2]. Lainé lui donne pour femme MARGILIE LE MINTIER, fille de Pierre Le Mintier, seigneur des Granges, et de Jeanne Le Sénéchal, issue de la race illustre des Cercado-Molac [3]. Margilie était en outre sœur de Guillaume le Mintier, sénéchal de Rennes. Son père fut un de ceux qui se révoltèrent, en 1495, pour mettre fin aux actes tyranniques de Pierre Landais, premier ministre du duc François II. Les conjurés obtinrent des lettres de grâce de leur prince le 13 août 1495 [4]. Margilie Le Mintier donna à son mari :

III.

JACQUES GICQUEL marié à JACQUETTE LE BIGOT[5], qui procréa :

1. *Hist. des Pairs de France*, par de Courcelles, t. X, article de Bruc, p. 10.
2. *Évesché de Saint-Malo, ancienne réformation...*, p. 314.
3. *Archives généalogiques et historiques de la noblesse de France*, par Lainé, t. X, art. Le Mintier, p. 8.
4. *Histoire de Bretagne*, par Dom Morice, t. III, preuves, col. 471.
5. *Réformation de la noblesse de Bretagne*, faite les années 1667, 1668, 1669,

— 1.° François Gicquel, seigneur de la Lande ;

— 2° Jeanne Gicquel, qui dénombra conjointement avec son frère le 29 novembre 1488. Elle fut mariée à Macé Guillier. Elle était coseigneuresse de la maison du Bourg en Plougueneuc, évêché de Dol, et veuve en 1513[1].

— 3° Olive Gicquel, qui possédait, en 1513, en communauté avec sa sœur Jeanne, la terre du bourg, en la paroisse de Plougueneuc. Elle avait épousé messire Guy Saint-Cyr[2].

I V.

FRANÇOIS GICQUEL, sieur de la Lande-Audouar et d'autres lieux, en Plouflagran, prouva l'ancienneté de son estoc devant la chambre de réformation de Bretagne, le 26 mars 1535 et le 2 juin 1570. Sa ligne ascendante fut relevée dans ces deux productions jusqu'à Pierre Gicquel, seigneur de la Lande, déclaré

1670, 1671 et continuée jusqu'en 1717. Vol. II, grand in-folio, catalogué H. 1875 A, manuscrit sans pagination, Bibliothèque Mazarine. — Un Jean le Bigot est déclaré noble dans la réformation de 1426. — Avec Jacques Gicquel coexistait Jeanne, Gicquel, reconnue noble en 1513 et fille de N. Gicquel et de Rolande Galabois, possesseurs de divers fiefs dans le territoire d'Henanval, évêché de Saint-Brieuc.

1. *Réformation des évêchés de Bretagne.* vol. II, fol 180 v°. Fonds français coté 22,321, bibliothèque de Richelieu, cabinet des titres.

2. *Idem.*

noble dans les réformations de 1427 et de 1453 [1]. François Gicquel apparaît dans divers actes le 5 janvier 1553, 19 février 1568, 17 décembre 1569, 15 novembre 1570 et postérieurement. Il inféoda par bail emphithéotique certaines dépendances de Beausemaine et de la Lande à Guillaume Fedel de Saint-Brieuc [2]. François Gicquel contracta deux unions, l'une avec BARBE DE CONAN, l'autre avec MARGUERITE LE VAYER ou LE VOYER [3]. De ce double lit vinrent :

— 1° FRANÇOIS, qui suit ;

— 2° JACQUES GICQUEL, sieur de Fourmorel, se désista de certains droits en faveur de son frère Jean Gicquel, sieur du Rumain [4] ;

— 3° JEAN GICQUEL, sieur du Rumain ;

— 4° CATHERINE GICQUEL, femme de JEAN GOURDEL, sieur des Ormeaux, fit une vente à son frère Jean Gicquel, sieur du Rumain [5].

---

1. Archives domestiques de M. Albert-Auguste Gicquel des Touches, vice-amiral et préfet maritime à Lorient. Mémoire manuscrit, cahier in-folio. « Jugement définitif de messieurs les commissaires du 16 mai 1539 sur l'opposition de François Gicquel dans laquelle il est établi qu'il était fils de Jacques, petit-fils de Jean et arrière-petit-fils de Pierre de la paroisse de Derval, reconnus nobles par mendement du duc François en 1444. »

2. *Idem.*

3. *Ibidem.* — *Réformation de la noblesse de Bretagne,* faite les années 1667, 1668, 1669, 1670, 1671, et continuée jusqu'en 1717. Vol. II, grand in-folio, catalogué H. 1875, manuscrit sans pagination, bibliothèque Mazarine.

4. Archives domestiques de M. Albert-Auguste Gicquel des Touches, vice-amiral et préfet maritime à Lorient, mémoire manuscrit, cahier in-folio.

5. *Idem.*

V.

FRANÇOIS GICQUEL, issu du premier mariage de François Gicquel avec Barbe de Conan, fut reconnu noble par arrêt du parlement de Bretagne le 29 mai 1571. Sa femme Louise d'HALLENAUD lui laissa :

VI.

FRANÇOIS GICQUEL, troisième du nom, sieur de Prério, paroisse de Plouflagran, qui épousa FRANÇOISE LEMOINE, et fut l'auteur des deux suivants :

— 1° OLIVIER GICQUEL, écuyer, seigneur de Prério et de Guéray, fut inscrit, de même que son frère Jean, sur le catalogue des véritables gentilshommes après jugement du 13 novembre 1670, rendu par la chambre des comptes de Bretagne[1]. Ses armes sont ainsi enregistrées dans l'*Armorial général de France* : *D'argent à la*

---

1. Archives domestiques de M. Albert-Auguste Gicquel des Touches, vice-amiral et préfet maritime à Lorient. Vieux mémoire manuscrit in-folio. — Réformation de la noblesse faite pour les années 1667, 1668, 1669, 1670, 1671. Vol. II, gr. in-folio, catalogué H. 1875 A, manuscrit sans pagination, bibliothèque Mazarine. — *Armorial de Bretagne,* par A.-P. Guérin de la Grasserie, t. I, p. 204.

fasce de gueules, accompagnée de trois quintefeuilles de même,
2 et 1. Il s'était marié en 1655, à MARIE VISDELOU [1] ;

— 2° JEAN GICQUEL, sieur du Fresche et des Chartreux, que voici :

VII.

JEAN GICQUEL, seigneur du Fresche et des Chartreux, était employé au rôle de la juridiction royale de
Saint-Brieuc, le 13 novembre 1670, lorsqu'il fut reconnu
et déclaré noble d'extraction [2]. Son blason, d'après le
chevalier de Beauregard, était identique à celui de son
frère Olivier. Celui-ci étant mort prématurément, Jean
se trouva investi de tous les fiefs de sa branche, qui
paraît s'être éteinte dans sa personne, car après ledit
Jean on ne trouve plus trace de sa descendance [3].

1. *Ut supra.*
2. *Nobiliaire de Bretagne,* tiré littéralement des registres manuscrits origi-
naux authentiques... Par M. le chevalier de Beauregard, p. 160.
3. Archives domestiques de M. Albert-Auguste Gicquel des Touches, vice-
amiral. — Réformation de 1667, 1668, etc. — *Armorial de Bretagne,* par A.-P. Guérin de la Grasserie, t. I, p. 204.

« Gicquel, Srs du Fresche, Des Châteaux, R^r de Saint-Brieuc et Rennes (dit
« Saint-Luc), porte, *D'argent à la fasce de gueules, accompagnée de trois quinte-*
« *feuilles de même,* 2. 1. Ar. du 13 novembre 1670. »

(*Mémoire sur l'état de la noblesse de Bretagne,* par le R. P. Toussaint de Saint-
Luc, t. II, p. 111.) Les armes sont dessinées à la planche G.

BRANCHE

DES

SEIGNEURS DU COUDRAY

II.

JAMET GICQUEL, fils de Guillaume Gicquel et de Perrette Bino, a été déjà signalé, page 26, où nous l'avons montré dans le cortége de chevaliers qui suivit le duc de Bretagne dans un voyage en cour de France et chevauchant à côté du comte de Penthièvre et de Jean de Beaumanoir. Il eut d'une alliance ignorée :

III.

GUILLAUME GICQUEL, sieur de Coudray, paroisse de Pleumeleuc, évêché de Saint-Malo, qui est dit père de

7

Bertrand, de Jacques et de Jacquine Gicquel dans le manuscrit de M. de Cunat, publié par M. Henri des Salles[1]. Il est également déclaré aïeul de noble Colas ou Nicolas Gicquel, fils aîné dudit Bertrand[2]. Les trois générations suivantes ont été redressées à l'aide de ce document. Guillaume Gicquel laissa donc trois hoirs :

— 1° BERTRAND GICQUEL, qui va poursuivre la filiation;

— 2° JACQUES GICQUEL;

— 3° JACQUINE GICQUEL, femme de noble RAOULET BERTRAND, seigneur de la Rollays[3];

— 4° BÉATRIX GICQUEL, femme et héritière de son mari RAOUL DU LEUX, seigneur de Lourme, transmit cette terre à son neveu Julien Gicquel, fils de Jacques Gicquel et de Guillemette Chef-Demaill[4], que l'on va retrouver pages 100 et 101.

IV.

BERTRAND GICQUEL, seigneur du Coudray, fut l'auteur de[5] :

---

1. *Évesché de Saint-Malo, ancienne réformation*, manuscrit ayant appartenu à M. Charles Cunat, publié par M. Henri des Salles, p. 284.

2. *Idem.*

3. *Ibidem.*

4. *Ibidem.*

5. *Ibidem.*

V.

COLAS GICQUEL était marié et tenait plusieurs domaines féodaux en 1513, à la Gouaudière ou Garaudière, dans la paroisse de Bédée, évêché de Saint-Malo[1]. Il est qualifié « noble » dans le manuscrit de M. Cunat, p. 226. Nous avons vu qu'il était également question de lui dans le même recueil, page 274.

1. *Ut supra*, p. 278. (Voir, aux *Preuves*, DOCUMENT XXIV, page 145.)

BRANCHE

DES

SEIGNEURS DE LOURME,

DE LÉCLUSE ET DES CHATEAUX

IV.

JACQUES GICQUEL, fils cadet de Guillaume Gicquel, sieur du Coudray, épousa noble GUILLEMETTE CHEF-DEMAILL[1] dont il eut :

V.

JULIEN GICQUEL, sieur de Lourme[2], institué héritier de sa tante Béatrix Gicquel, femme de Raoul du

---

1. *Evesché de Saint-Malo, ancienne réformation...* Publié par M. Henri des Salles, p. 274.
2. Situé paroisse de Pleumeuleuc, évêché de Saint-Malo.

Leux, seigneur de Lourme. C'est ainsi que ce fief passa de la maison du Leux à celle de Gicquel. Julien Gicquel est cité dans la réformation de 1543, en compagnie de sa mère, noble Guillemette Chef-Demaill, comme ayant affranchi plusieurs acquisitions roturières[1]. Il fut père de :

VI.

JACQUES GICQUEL avait pour blason d'après Guérin de la Grasserie : *De gueules, à la croix d'argent, cantonnée de quatre cygnes de même, membrés de sable*[2].

1. *Évesché de Saint-Malo, ancienne réformation...* Publié par M. Henri Des Salles, p. 273. — *Armorial de Bretagne*, par A.-P. Guérin de la Grasserie, t. I, p. 204.

2. Ces armes ne sont point les mêmes que celles des seigneurs de la Lohière, lesquelles diffèrent à leur tour du blason porté par les aînés des branches de Kerrel et du Nédo. Cette dissemblance ne prouve rien contre la communauté d'origine et l'unité de race. Les aînés dans la ligne des Gicquel, seigneurs de Kerrel, paraissent avoir pris les armes de leur fief de Kerrel, à partir d'Olivier Gicquel, premier possesseur de cette terre (1441). Les sieurs de Kerrel revinrent plus tard à l'appellatif patronymique. Ces changements héraldiques n'ont rien d'étrange.

Avant l'édit d'Amboise (26 mars 1555), les armoiries étaient sans fixité, et chacun pouvait les modifier suivant ses convenances. Le chevalier banneret, dans les courses ou les batailles, était exposé fréquemment à perdre son sceau. Il opérait alors avec celui, soit de son office, soit d'une alliance, soit de l'un de ses fiefs et même avec celui d'un autre capitaine. « Il y eut les armes de famille et les armes personnelles, » dit M. de Coston dans son *Étymologie des noms propres*, p. 207. Dalloz, en son *Répertoire de jurisprudence*, article Noblesse, page 501, n° 15, nous apprend que « l'usage permettait, dans les premiers siècles, de changer arbitrairement les armoiries. »

Les abus se multiplièrent à tel point que Henri II tenta d'y remédier par l'ordonnance d'Amboise précitée.

La Roque, dans son *Traité de l'origine des noms*, chapitres XXIII et XXXIV,

Il fut conjoint à JULIENNE POULLAIN[1] qui procréa :

page 54, 207, 208, avait démontré victorieusement « qu'il y a des familles qui ont mesmes nom et diversité d'armes et d'autres qui ont diversité de noms et des armes semblables, et quelques autres qui tirent leurs armes de leur seigneurie. »

Le célèbre feudiste corrobore son opinion par des exemples :

« Je commenceray par celle de Caumont en Gascogne, dont l'une porte : tranché d'or, de gueules et d'azur, et l'autre : d'azur, à trois léopards d'or.

« Percy en Angleterre, qui vient du sang de Louvain, désigne son escu : d'or, au lion d'azur ; et ceux de ce nom en France, originaires de Normandie et établis en Angleterre, portent : de sable au chef danché d'or.

« Ainsi, l'ancien Montgommery en Normandie portait : azur, au lion d'or; et en Angleterre, en Écosse et encore en Normandie : de gueules à trois fleurs de lys d'or.

« On remarque aussi que les seigneurs d'Audelay, du nom de Touchet, en Angleterre, portent : d'hermines au chevron de gueules; et en Normandie ceux de ce nom ont : d'azur, à trois mains d'or. Les premiers y ont ajouté un chevron d'argent.

« Bray, en Angleterre, porte : d'argent, au chevron accompagné de trois pattes de griffon de sable.

« En Normandie, deux autres maisons du nom de Bray ont des armes différentes; l'une : d'argent, au chef de gueules, chargé d'un léopard d'or; l'autre échiqueté d'or et d'azur à la bande accompagnée de deux cottices de gueules.

« Bailleul, en Artois : d'argent à la bande de gueules ;

« Bailleul, en Flandre : de gueules au sautoir de vair ;

« Bailleul, en Picardie, s'arme d'hermines à l'écusson de gueules ;

« Bailleul, en Normandie : parti d'hermines et de gueules; et encore : d'hermines semé de croisettes recroisées, au pied fiché, à la croix niellée de gueules. Autre Bailleul : de gueules, semé de croisettes à la croix niellée d'argent.

« Au nombre de ceux qui ont pris les noms et les armes de leur seigneurie qu'ils avoient acheptée, a été selon le sentiment de Jean Schoier, chanoine de Bergue, Jacques Mouton, seigneur de Turcoing, qui vendit la terre de Turcoing et achepta celle de Harchies en 1444 dont il porta le nom et les armes, *brisées d'un canton de gueules;* il les écartela de celles du Quesnoy, à cause de Marguerite du Quesnoy de Turcoing, sa mère.

« De même que Guillaume Lejosne, seigneur de Contay, gouverneur d'Arras, qui mourut en 1467, prit les armes de Contay, sa seigneurie.

« Jean Le Landois possédait la terre de Herouville-Azeville, dont il prit le nom et les armes.

1. Réformation de la noblesse de Bretagne faite les années 1667, 1668, 1669,

VII.

GUILLAUME GICQUEL, sieur de Lécluse et de Ville-Velours, paroisse de Saint-Michel, laissa deux rejetons :

— 1° TOUSSAINT GICQUEL, sieur de Lécluse ;

— 2° FRANÇOISE GICQUEL qui dénombra, en 1539, à raison de diverses redevances qu'elle tenait dans la paroisse de Plerin, évêché de Saint-Brieuc [1].

VIII.

TOUSSAINT GICQUEL, sieur de Lécluse et de Ville-aux-Loups, paroisse de Saint-Michel, s'allia à CATHERINE ou CHRISTINE MOREAU [2], de laquelle vinrent :

— 1° JULIEN GICQUEL, sieur des Châteaux et de la Ville-Bourno ;

— 2° HENRI GICQUEL, qui eut une fin tragique,

1670, 1671 et continuée jusqu'en 1717. Vol. II, grand in-folio, catalogué H. 1875 A; manuscrit sans pagination, bibliothèque Mazarine.

1. Archives domestiques de M. Albert-Auguste Gicquel des Touches, vice-amiral et préfet maritime à Lorient. Cahier en papier, in-folio de 6 feuillets.

2. *Ut supra.* — Réformation de la noblesse de Bretagne faite les années 1667, 1668, 1669, 1670, 1671 et continuée jusqu'en 1717. Vol. II, grand in-folio, catalogué II. 1875 A; manuscrit sans pagination, bibliothèque Mazarine.

comme on le verra tout à l'heure. Une délibération de
la municipalité de Saint-Brieuc, remontant, selon toute
apparence, à l'année 1579 ou 1580, porte, « qu'il sera
« baillé à un moine franciscain une somme de huit écus
« pour avoir, le caresme dernier, prêché et annoncé la
« parolle de Dieu ». Cet ordre de paiement est souscrit
par plusieurs membres de l'échevinage local et notamment par un Gicquel[1]. Celui-ci paraît être le même que
Henri Gicquel, tué, le 8 mars 1591, dans l'église Saint-
Laurens, un jour où les cérémonies du culte y furent
troublées par une collision sacrilége. M. l'Alloué,
greffier de la ville, avec une escorte de dix soldats, fut
chargé par l'évêque de Saint-Brieuc de faire une
enquête et un procès-verbal au sujet de cet homicide
et des profanations commises dans le saint lieu[2].

IX.

JULIEN GICQUEL, sieur des Châteaux et de la
Ville-Bourno, gouverneur de Saint-Brieuc[3] en 1600, fut
sans doute, à raison de la dernière terre, appelé Ville-
Giquel. Un personnage ainsi nommé participa, le

1. *Anciens évêchés de Bretagne, histoire et monuments*, par Goslin de Bour-
gogne et A. de Barthélemy. Diocèse de Saint-Brieuc, t. I, p. 255.

2. *Idem*, t. I, p. 251.

3. *Ibidem*.

7 mai 1629, à une délibération de l'assemblée commu-
nale de Vannes, présidée par monseigneur le duc de
de Brissac, pair de France et lieutenant général pour
Sa Majesté au gouvernement de Bretagne. A cette
séance, qui avait pour but d'approuver l'introduction
des jésuites dans le collége Saint-Yves, on remarque,
outre les précédents, le baron de Vieux-Chastel, gouverneur de la ville, le président, le sénéchal et le
conseiller audit siége, l'enquêteur Bourgerel de la Vil-
léon, etc. L'installation des jésuites fut votée par toutes
les personnes présentes et notamment par Ville-Gicquel[1].
Julien, qu'il soit ou non le même que Ville-Gicquel, fut
marié à LOUISE LE PAGE DE LA MOTTE et père de :

X.

JULIEN GICQUEL, sieur des Châteaux. Sa femme
OLIVE GLEN [2] lui donna :

1. *Les Origines historiques de la ville de Vannes...* Par Alfred Lallemand,
p. 161-162.

2. Réformation de la noblesse de Bretagne faite dans les années 1667 et suivantes. Mss. Bibliothèque Mazarine. — Bibliothèque de Richelieu, cabinet des
titres, fonds bleu ; dossier Gicquel, etc.

XI.

SALOMON GICQUEL, sieur des Châteaux, fut maintenu sur le catalogue des véritables gentilshommes par arrêt de la chambre de réformation de Bretagne, le 13 novembre 1670 [1].

1. *Ut supra.*

RAMEAU

DES

SEIGNEURS DE RUCAZRE

ET DE KERGUIZIEN

Les Gicquel, seigneurs de Rucazre et de Kerguizien, paroisse de Plouisy, au diocèse de Tréguier, existaient au XIVᵉ siècle. Nos recherches à ce sujet ont été presque infructueuses et nous ne pouvons guère signaler que quelques rares personnages issus de ce rameau dont le point d'attache n'a pu être retrouvé.

HENRI GICQUEL, fondé de pouvoirs de l'évêque de Tréguier, perçut, en 1374, diverses sommes pour le compte du prélat [1].

1. « Nos Johannes, episcopus Trecorensis, facimus et constituimus dilectum « nostrum HENRICUM GICQUELLUM procuratorem nostrum ad recipiendum, etc...

1374 « Noverint universi quod ego HENRICUS GICQUELLI, clericus, habui et recepi « a religioso viro, procuratore sancte Trinitatis, IIIˣˣ duodecim francos auri, anno « Domini millesimo trecentesimo septuagesimo quarto. » (*Archives de M. Albert-Auguste Gicquel des Touches, vice-amiral et préfet maritime à Lorient. Langue de parchemin avec sceau représentant :* « un chevron d'argent accompagné de trois roses.)

MAURICE GICQUEL, seigneur de Kerguizien, est cité plusieurs fois dans la réformation de 1427 parmi les nobles de Plouisy [1].

A la même branche appartenaient :

HERVÉ GICQUEL, inscrit au nombre de ceux qui possédaient, en 1427, des fiefs dans la paroisse de Ploumagoer, en Tréguier [2].

ROLLAND ET JEAN GICQUEL tenaient, le 27 octobre 1427, de terres relevant de la châtellenie de Lannion, au diocèse de Tréguier [3].

La qualité de « sieur » de Kerguizien fut donnée à la fin du xviiie siècle, à Louis Gicquel des Touches, fils de Pierre-Gilles Gicquel, sieur des Touches, et de Louise Thomasse le Blanc. Il est, en effet, appelé « sieur de Kerguizien » au baptême de son frère Frédéric-Marie Gicquel, dont il fut le parrain.

Guy Leborgne, dans son *Armorial breton,* p. 94, a consacré quelques lignes aux sieurs de Kerguizien :

« Gicquel, *alias* à Rucazre et à Kerguizien en « Plouisy, évesché de Treguier et autres, *D'azur au* « *chevron d'argent chargé de cinq coquilles de sable, accom-* « *pagné de trois roses d'argent* 2 et 1, l'an 1384, un sei- « gneur de cette première maison estoit secrétaire de « l'une de nos duchesses. »

1. *Réformation des évéchés de Bretagne,* fonds français, nº 22,321, vol. I, p. 41, bibliothèque de Richelieu, cabinet des titres.
2. *Idem.*
3. *Ibidem.*

RAMEAU

DES

SIEURS DE LAUNAY

ET DES ROCHERS

Ce rameau paraît être sorti de la branche des sieurs du Coudray, de Lourme et des Châteaux ; mais, comme aucun des titres que nous avons eu en main, n'établit cette provenance, nous ne pouvons la garantir.

§

Noble JULIEN-ARTHUR GICQUEL, sieur de Launay, était pourvu de la charge de procureur-notaire apostolique au mois de janvier 1643 [1]. De lui vint :

---

1. Archives domestiques de M. Albert-Auguste Gicquel des Touches, vice-amiral et préfet maritime à Lorient.

§

THIBAULT-JULIEN-PIERRE GICQUEL, procureur fiscal du comté de Dol. Il est mentionné dans un état des juridictions qui relevait du palais de justice de Dol, comme possédant la basse et moyenne justice de Murelien et de Triguené [1]. Thibaut procréa :

§

BERTRAND GICQUEL, sieur des Rochers, lieutenant de la ville de Dol, qui portait : *D'azur, à un chevron d'argent, chargé de cinq coquilles de sable et accompagné de trois roses d'argent, deux en chef et une en pointe* [2].

1. *Dictionnaire historique et géographique de la province de Bretagne,* par 155, in-4°, t. I, p. 521.
2. *Grand Armorial de France, par d'Hozier,* Bretagne, bibliothèque de Richelieu, cabinet des titres, mss., fol. 419. — *Nobiliaire et armorial de Bretagne,* par P. Potier de Courcy, 2e édition, t. I, p. 356.

PREUVES

DE LA NOTICE GÉNÉALOGIQUE

SUR

LA MAISON GICQUEL

PREUVES

DE LA NOTICE GÉNÉALOGIQUE CI-DESSUS

DOCUMENT I, PAGE 4.

Sacre et couronnement de Jean 1ᵉʳ, dit le Roux, duc de Bretagne, par
Jean Gicquel, évêque de Rennes.

ANNÉE 1237.

Peu de jours après, c'est-à-dire vers le vingtième de novembre, Jean fit son entrée à Rennes, et reçut dans l'église cathédrale de cette ville, l'épée et la bannière, qui estoient les marques
de la dignité ducale, des mains de JEAN (GICQUEL) évesque de
Rennes qui avait succédé à Josselin. L'évesque de Dol, Robert
évesque de Nantes, Cadioc, évesque de Vannes, Geoffroi, évesque
de Saint-Malo, Ranulfe, évesque de Quimper, Philippe, évesque
de Saint-Brieuc, Derien, évesque de Léon, Giciomar, vicomte de
Léon, Hervé de Léon le jeune, son fils, Alain, vicomte de Rohan,
Henri d'Avaugour comte de Goello, André de Vitré, Alain fils de
Conan d'Avaugour, Hervé de Léon, seigneur de Noion, entre
autres furent présens à la cérémonie, et le nouveau duc reçut
leurs hommages et sermens selon la coustume.

Histoire de Bretagne, par Dom Gui-Alexis de Lobineau, t. I, p. 237.

Extrait du Dictionnaire historique et géographique de la province
de Bretagne sur le même sujet.

ANNÉE 1237.

Cette même année 1237, Pierre de Dreux assemble ses états à Rennes et abdique la couronne en faveur de Jean Ier, dit le Roux, son fils [1], qui est reconnu sur-le-champ duc de Bretagne par l'assemblée. Le prince va tout de suite rendre hommage de son duché au roi et revient à Rennes, où il fait son entrée et se fait couronner par l'évêque JEAN GICQUEL, le 18 novembre.

Les abbés et moines de Saint-Melaine avaient juré de ne point donner leurs bénéfices à des prêtres séculiers, sans doute parce qu'ils pensaient pouvoir les desservir eux-mêmes. Dans la suite ils se repentirent de leur serment, et ils auraient bien voulu le faire annuler. Ils firent part de leur embarras au légat du pape, qui donna commission à l'évêque de Rennes de les relever de leur serment, ce qu'il fit l'an 1243. A la même époque, Geoffroi de Pouancé et Geoffroi de la Guerche fondèrent, dans la cathédrale, la chapellenie de Saint-Martin. Le prieur de Saint-Martin de Rennes, chanoine régulier de l'abbaye de Paimpont, fut chargé de desservir la chapelle. Les évêques de Rennes et de Saint-Malo souscrivirent à cette fondation.

Dictionnaire historique et géographique de la province de Bretagne, par Ogée, 1855, in-4°, t. II, p. 463.

---

1. Pierre de Dreux, son père, qui avait épousé Alix, héritière de Bretagne, s'était fait sacrer, en 1213, par Pierre de Fougères, évêque de Rennes.

DOCUMENT II, PAGE 5.

Jean Gicquel, évêque de Rennes, confirme la donation faite au monastère de Fontaine-Harvis par Guillaume de la Guerche.

ANNÉE 1238.

Universis Christi fidelibus ad quos presens carta pervenerit JOHANNES (GICQUEL), Dei gratia Redonensis episcopus, salutem in Domino. Noverit universitas vestra nos vidisse, legisse et diligenter inspexisse quandam cartam non abolitam, non cancellatam, non in aliqua parte sui viciatam, quam dominus Guillermus de Guerchia dedit fratribus de Fonte-Haruys, in foresta Guerchiæ commorantibus, in hœc verba : Ego Guillermus de Guerchia, fundator fratrum de Fonte-Haruys, dedi eis usagium et chauffagium de mortuo nemore sine monstra per totam forestam meam de Guerchia et de Radanea; preterea dedi eis magnum nemus viride, ad edifficia et ad vineas suas et ad alias necessitates, per totam forestam in omnibus arboribus cum monstra famuli mei, qui requisitus ab eis nisi infra tres dies venerit, possunt fratres colligere nemus et secum ducere et necessitatem suam adimplere. Dedi etiam eis parvum nemus viride ad faciendum parva sine monstra et letherias per totam forestam predictam et cetera ad eorum usum pertinentia sine monstra. Et ut ratum habeatur, sigillo meo feci confirmare testibus his : Hammone de Belleria, Jacobo Delale, Guillermo Cappellano, magistro Roberto... et multis aliis.

Mémoires pour servir de preuves à l'histoire de Bretagne, par Dom Morice, t. I, p. 907.

DOCUMENT III, PAGE 5.

Les libéralités pieuses de Geoffroy de Pouancé en faveur du couvent de Fontaine-Harvis sont validées par Jean Gicquel évêque de Rennes.

ANNÉE 1238.

Universis Christi fidelibus, ad quod presens carta venerit JOHANNES, Dei gratia Redonensis episcopus, salutem in Domino. Noverit universitas vestra nos vidisse et legisse et diligenter inspexisse quandam cartam, quam nobilis vir Gaufridus de Pouenceio, dominus de Guerchia dedit fratribus de Fonte-haruys in hæc verba : Sciant presentes et futuri, quod ego Gaufridus, dominus de Guerchia et de Pouenceio, pro salute animæ meæ et heredum meorum et pro augmento cujusdam Capellaniae, quam feci apud fratres de Fonte-haruys pro Gaufrido de Monteforti, dedi et concessi Deo et Beatæ Mariæ et fratri Stephano de Marando, amico meo, et aliis fratribus de Fonte-haryus, in perpetuam elemosinam, pasturagium per totam forestam meam de Radanea omnibus animalibus. Preterea quietavi dictis fratribus plessam suam, quæ est circa ambitum domus de Fonte-haruys, ad omnem voluntatem suam faciendam usque ad magnam meam forestam. Concessi etiam eis coustumas suas et elemosinas quas habent vel habebunt in feodo meo. In cujus rei testimonium dedi dictis fratribus hanc cartam sigilli mei munimine roboratam. Datum anno Domini millesimo CCXXXVIII, in Parasceve, in quo dedi fratribus viginti solidos annuatim reddendos in die obitus mei in cohua mea de Guerchia per manum Coustumarii mei libere et quiete in perpetuum...

Mémoires pour servir de preuves à l'histoire de Bretagne par Dom Morice, t. I, col. 908.

DOCUMENT IV, PAGE 6.

Avant d'entreprendre un deuxième voyage en terre sainte monseigneur André de Vitré fit son testament et désigna pour ses exécuteurs JEAN GICQUEL, *évéque de Rennes, Bonnable de Rougé, etc.*

ANNÉE 1248.

En après demeura ledit monseigneur André en repos, jusques en l'an 1248, et eut cinq filles en ladite Thomasse, sa femme ; c'est à scavoir : Jeanne, Philippe, Eustace, Alix et Marguerite ; ladite Marguerite fut femme de monseigneur Foulques, seigneur de Mathefelon. Mais en celui an 1248 fut grand mouvement de chrestiens, pour aller au secours de la terre saincte, et se croisèrent le roy Louis de France, Charles comte d'Angers, son frère, et grand nombre d'autres comtes, barons et autres nobles, pour faire ce voyage. Et adonc fut ledit monseigneur André mandé y retourner : si ordonna les choses qui luy estoient nécessaires pour son voyage. Et entre autres choses fit ses ordonnances testamentaires, et donna à Thomasse, sa femme, sa terre de Chastillon en douaire ; et aussi constitua Philippe, sa fille, son héritière principalle, s'y il n'avoit hoir masle procréé en mariage, ce qu'il espéroit advenir, car ladite Thomasse estoit grosse d'enfant. Aussi ordonna ses debtes estre loyalement payées, et ses amandemens faicts ; et commanda que nulle corvée ne fust payée, ny faite en la terre de Vitré, disant qu'elles ne le debvoient estre de droict. Et nomma ses exécuteurs monseigneur Jean (Gicquel), evesque de Rennes, monseigneur Bonnables de Rougé, monseigneur Robert de Vitré, son frère, Frère Richard, prieur de Dinan, Jean, abbé du Tronchet, et autres. Et fist ses dites ordonnances au mois de juin, audit an 1248, le mercredy prochain dexant la feste monseigneur Sainct-Jean-Baptiste, duquel jour il print son chemin à aller faire ledit voyage.

Histoire de Bretagne, par Le Baud.— *Les Chroniques de Vitré,* p. 44.

DOCUMENT V, PAGE 7.

Jean Gicquel, *évéque de Rennes, ratifie la cession de la dîme de Breuz, consentie par Guillaume de Montbourcher au profit d'Orfresie, fille de Geoffroy de Moucon.*

ANNÉE 1247.

De decima de Breuz, data domine Orfresie de Moucon.

Universis Christi fidelibus, etc., Johannes, Dei gracia Redonensis episcopus, salutem in Domino. Noveritis quod cum Petrus de Breuz, quondam gener Willelmi de Monte Borcheri, militis, in lecto mortis sue legavisset et concessisset in testamento suo Orfresie, filie Gaufridi de Moucon, militis, totam decimam quam Agnes de Breuz, monialis Sancti-Georgii Redonensis, amita sua, tenet et percipit, ex donatione defuncti Petri de Breuz, fratris ejusdem monialis, in parrochia de Breuz et de Lalleio, scilicet

terciam partem decime lini et canabi in feodo nostro, et decimam quam dicta monialis in dicta parrochia de Lalleio, excepta
decima molendidorum dicti Petri, ad. voluntatem dicte Orfresie
exinde faciendam, secundum quod in curia nostra sufficienter
probatum fuit; nos dictam donationem a dicto Petro de Breuz,
juniore, factam ratam habemus et eam confirmamus dicte Orfresie, ad hoc quod ipsa pro voluntate sua disponere valeat exeadem.
Quod ut ratum sit, presentes litteras sigillo nostro fecimus
communiri. Actum anno Domini M° CC° XL° VII°.

(Pris sur l'original.)

Cartulaire de l'abbaye de Saint-Georges de Rennes, publié par M. Paul de La
Bigne Villeneuve, 1876, in-8°, p. 225.

DOCUMENT VI, PAGE 9

Guillaume Gicquel, chapelain de l'évêque de Dol, dépose dans une enquête
relative aux violences commises par Normand de Québriac, maréchal
du comte de Bretagne.

ANNÉE 1238.

Autre enqueste faite à la requeste de l'evesque de Dol, de l'abbé
de la Vieuville, et de monsieur Jehan de Dol chevalier, contre le
comte de Bretagne, sur les injures et torts faits pendant des
trefves.

Les témoins sont : maistre Henri de Migrit, Robert Clerc, receveur de l'évesque, Estienne Haarel, domestique de la sœur de
monsieur André de Vitré, Jehan Pigard, Renaud abbé de la Vieuville, Arculfe, prestre de l'église Sainte-Marie de Dol, Guillaume

Loche, chevalier, le chantre de Dol, Jehan de Hirel, prestre chanoine de Dol, N. Bouteiller de Dol, N. Bourgeois de Dol, Rival-
lon Saulnier, bourgeois de Dol, Guillaume Torel, clerc, Jehan
l'Aguillier, Guillaume de Karthou, chapelain, Geffroi le Prestre,
Jehan Chaorcin, chevalier, le doien de Combour, GUILLAUME GIC-
QUEL, prestre chapelain de monsieur Jehan de Dol, Rolland de
S. Patern, l'abbé du Tronchet, Guillaume de Pleudel, chapelain
de Tronchet, Guillaume de Pleudel, chapelain de Spiniac, G. Robert, prestre de Combour, Simon, prieur de Combour.

Des depositions desquels résulte que Normand de Quebriac,
mareschal du comte, et les siens, firent de grans maux et ravages
à l'evesque de Dol, chanoines et bourgeois dudit lieu, et ses
hommes et sujets; comme aussi Mathieu de Beauvais et ses gens,
serviteurs dudit comte, prirent quatre charretées de vin à des
bourgeois de Dol, et des bleds des moulins, et des deniers des
hommes, le tout pendant la grande trefve et la petite trefve, à la
valeur de plus de deux mille livres.

Robert second témoin dit : que le comte de Bologne escrivit
par lui au comte de Bretagne pour faire rendre le dit vin, comme
il avoit promis à l'entrevue et parlement qui fut à Ernée ; mais
qu'il n'en a rien fait...

... Theobaldus D.-G. Rex Navarre, Campanie et Brie comes
Palatinus, dilecto et fideli suo Jacobo de Castrogunteri, salutem
et dilectum...

Datum anno Dom. MCCXXXVIII, mense junio. Ch. de Nantes
arm. O. cassette C. n. 1.

Histoire de Bretagne, par Dom Gui-Alexis Lobineau, t. II, p. 387.

DOCUMENT VII, PAGE 9.

Assiette de 200 liv. de rente faite par Gui de Bretagne à Simon
de Montboucher.

AOUT 1320.

Philippus, Dei gratia Francorum et Navarræ Rex, notum facimus universis tam præsentibus quam futuris nos infra scriptas
vidisse litteras formam quæ sequitur continentes. A tous ceux
qui verront et orront cestes presentes lettres, Guy de Bretaigne
seigneur de Pentevre, salut en Dieu perdurable. Comme ou temps
que nous tenions et possédions la vicomté de Limoges par le
partage fait entre cher seigneur et frère le duc de Bretaigne et
nous de la succession des biens devers nos père et mère, nous
eussions donné, baillé, livré, quitté et assigné, et cessé par don-
neison faite entre vivans à nostre amé Bacheler monsieur Simon
de Monbuerchier perpétuellement à lui et à ses hoirs en remu-
neration en partie des biens, des honors, des grands labours et
bons services que il nous a fet... Scachent tous que nous o la
deliberation de nostre conseil en restor, contrevalor, recompen-
sation et eschange desdites deus cens livrées de rente audit
monsieur Simon données comme dit est... Un journel dou fieu
Geuffroy Giquel, que Olivier Domel tient es Lisais... Item sur le
fieu Geuffroy Giquel trois quarts de froment et trois quarts de
soille, trois quarts d'aveine grosse... Item la terre Alain Giquel
ou il maint en la grant Ville... Item à Jean David pour le fieu
qui fu Geffroy Giquel quinze sols. Item sur les tenors de la terre

jadis Geffroy Giquel et Alain Giquel oict livres de rente... sur la
tenue Estienne Giquel trois souls de censie, etc. Actum Parisiis
anno Domini millesimo trecentesimo vicesimo, mense Augusti.
(Chambre des comptes de Paris.)

Mémoires pour servir de preuves à l'histoire de Bretagne, par Dom Morice,
t. I, p. 1288-1289.

DOCUMENT VIII, PAGE 10.

Lettres d'ordonnancement octroyées par Jeanne, duchesse de Bretagne,
femme de Charles de Blois et contre-signées par Guillaume Gicquel,
son secrétaire intime et conseiller d'État.

15 Aout 1357.

Nous Johanne duchesse de Bretaigne, vicomtesse de Lymo-
ges, dame de Guyse et de Maenne, faisons savoir à tous, que
nostre amé cousin mons. Thomas de la Marche a esté en Bretaigne et a servi monsieur de Bretaigne et nous en nos guerres bien
et loialement, et en fesant moult grant reconfort du païs, des le
vendredi ahouré passé jusqu'à présent, à trente un hommes
d'armes en sa compagnie, sens qui eust eu paiement de ses gages
par nous, lequel vaet en France pour certaine cause. Donné à
Lehon le XV jour d'aoust l'an MCCCLVII. Passé et scellé du propre
commandement de madame la duchesse, présent mons. Maurice
de Mavygnet, Guillaume Guiquel.

Mémoires pour servir de preuves à l'histoire de Bretagne, par Dom Morice,
t. I, p. 1520.

DOCUMENT IX, PAGE 14.

Jean Raoul Gicquel comparait à la montre passée au Mans par Jean Raguenel sous le gouvernement de Foulques de Laval, chevalier, lieutenant général ès pays d'Anjou et du Maine; il avait pour compagnons d'armes : Amouroux de Montgermont, Olivier du Guesclin, le seigneur de Pois, etc.

6 DÉCEMBRE 1356.

La monstre Jehan Raguenel, archer, et XVI archers de sa compagnie, reçue au Mans le VI décembre MCCCLVI, soulz le gouvernement de M. Foulques de Laval, chevalier, capitaine souverain et général en Anjou et Maine. Ledit JEHAN RAOUL GICQUEL, Pierre le Coz, Macé, Paisant, Jehan Boises, Olivier Trotier, Jehan dou Perrin, Bonabes Danac, Guillaume de Halley, Olivier du Fail, Jehan de S. Nervé, Amaury de Montgermont, le seigneur de Pois, Brient Raguenel, Perrin Broche, Olivier du Glequin, Guillaume de Maynant.

Histoire de Bretagne, par Dom Gui-Alexis Lobineau, t. II, p. 496.

————

DOCUMENT X, PAGE 17.

Extraits divers relatifs au traité de Guerrande.

1379-1381.

Association des nobles et des bourgeois pour la garde de la ville de Rennes.

Premier fut gréé et juré entre Allain de Malestroit, messire Robert de la Motte, seigneur de Boczac, Jean de Malestroit, messire René de Bloczac, messire Gohier de Champaigné, messire Geoffroy Ruffier, messire Guillaume de Cheveigné, etc., chevaliers.

Louis de Malestroit, Renaud Boterel, Bertrand de Montboucher, Simon de Montboucher, Robert de Melesse, Jean Raguenel, Jean de la Motte, Thibault du Guern, Jean de Saint-Pern, GUILLAUME GICQUEL, Raoul de Montgermont, Allain du Plessis, Pierre de Treguené, Bonnabes de Champaigné, etc., etc., écuyers.

Mémoires sur l'état du clergé et de la noblesse de Bretagne, par le P. Toussain de Saint-Luc, première partie, p. 74.

20 AVRIL 1381.

Pierre de la Haye, Hardouin Boterel, Perrin le Marie, Guillaume le Quenour, Guillaume de la Bouyère, Guillaume du Val, Eon du Treff, Jehan du Verger, Anthoine Blanchart, François de Boulogne, Pierre Vaignes, Guillaume de Tournemine, Jehan Genevois, Christofle Genevoys, Jehan Estourbeillon, Jehan de Sevigné, Olivier de Languan, Guillaume de Vaujoyeuxe... GUILLAUME GICQUEL, Robert le Moyne, Jehan Chapelle, escuyers; et Barthelemy Labourie, bourgeois de Rennes, ratifient à Rennes le vingtiesme avril mil trois centz quatre vingtz-un.

Histoire de Bretagne, par Lobineau, t. II, p. 617.

20 AVRIL 1381.

Ratification du traité de Guerrande.

... Bertrand Cormel, Olivier de la Hercedoyère, Guyon le

Guenour, Perrot du Tronchet, GUILLAUME GICQUEL [1], Robert le Moyne, Jehan Chapelle, escuyers ; et Barthelemy Labourie, bourgeois de Rennes, ratiffient à Rennes le vingtiesme avril mil trois centz quatre-vingtz-un. Titr. du Roi.

Mém. pour servir de preuves à l'hist. de Bret., par D. Morice, t. II, col. 276.

DOCUMENT XI, PAGE 17.

ROBERT GICQUEL *fut présent à la revue de Guillaume Botier, faite à Tulle.*

1er JUIN 1376.

La revue de Guillaume Botier, escuier, et de IX autres escuiers de sa chambre. Fait à Tuelle le I. jour de juin l'an MCCCLXXVI. Ledit Guillaume, Guillaume Glé, Olivier Gorgohon, Perrignel, ROBERT GIQUEL, Raollet Billouart, Perrot Monte, etc.

Mémoires pour servir de preuves à l'histoire de Bretagne, par Dom Morice, t. II, p. 173.

DOCUMENT XII, PAGE 17.

Perrin Gicquel assiste à la montre de Jean de Saint-Riou, capitaine du château de Lehon.

1er NOVEMBRE 1380.

Je Jehan de S. Riou, escuier capitaine du chastel de Lehon, cer-

---

1. Saint Allais ajoute au nom de Guillaume ceux de Robert, Hervé et Pierre Gicquel.

tiffie à touz que les personnes cy dessoubz nommez ont servy le
roy, nostre sire en ses guerres ez partie de Bretaigne, en ma com-
paignie et soubz mon gouvernement, à la garde, seurté et def-
fense dudit chastel depuis le 1. de novembre MCCCLXXX inclut,
jusques au 1. de mars exclut. Et premièrement je Jehan de
S. Riou dessusdit, Colin Alees, Perrin Durant, Guillaume de
Hermanville, PERRIN GICQUEL, Guillaume de Lombertes, etc. En
tesmoing de ce j'ay scellé ce present rolle de mon sceel. Donné
à Paris le 1er de mars l'an MCCCLXXX.

Mémoires pour servir de preuves à l'histoire de Bretagne, par Dom Morice
t. II, p. 263.

DOCUMENT XIII, PAGE 17.

*Jean Gicquel prête serment de fidélité au duc de Bretagne comme baron
de Raiz.*

25 MARS 1383.

Le duc mis en possession de la baronnie de Raiz.

Vidimus en l'officialité de Nantes, de certaines lettres présen-
tées de la part du duc, par lesquelles il paroissoit qu'en l'an 1383,
le 25 mars Jehan, duc de Bretaigne, comte de Montfort et de Richemont, seigneur de Raiz, produisit et fit lire en présence d'un notaire, et de plusieurs seigneurs qui virent et examinèrent les
sceaux, certaines lettres, lesquelles étant lues, Gérard Goion, procureur de noble dame Jehanne de Raiz, fille de feu Gérard, seigneur de Raiz, en vertu desdites lettres mit le duc en possession

du chasteau de Machecoul et des autres chasteaux de la baronnie de Raiz, et commanda à tous les hommes et sujets de ladite baronnie de faire hommage et serment de fidélité au duc comme à leur vrai seigneur de ladite seigneurie, les quittant du serment presté à ladite Dame. Ce que tous firent. Et primo Dominus Guillelmus Blanchart miles, tam nomine suo, quam nomine uxoris sue; Brientius de Monteforti miles, nomine suo privato, Bertrandus de Brin Armiger, nomine uxoris sue... Gauffridus de Botereau; qui omnes fecerunt homagia ligia. Item, in presentia et de consensu predicte domicelle, fecerunt homagium eidem duce domino Radesiarum D. Brientii de Monteforti, dominam Alienorem de Monteforti dominam de Ponte; et ad requestam dicte nobilis Johanne de Radesiis... D. Milletus de Machecollo miles, Johannes Gicquelli, Johannes Gautereau, etc., etc.

Histoire de Bretagne, par Dom Gui-Alexis Lobineau, t. II, p. 636.

DOCUMENT XIV, PAGE 18.

Noms de ceux qui ont le mieux servi au siége de Pouancé.

ANNÉE 1432.

Ceux qui rendirent le plus de service au duc dans cette guerre de Pouancé, outre les capitaines qu'on a déjà nommez, furent Jean et Georges le Voyer, chevaliers, messire Jean Hingant, le vicomte de la Bellière, Macé de la Berdoïère, qui fut pris par les garnisons de Craon et de Château-Gontier, etc... Il faut adjouster à tous ceux-là Jean de la Touche, Rolland et Charles du Besso, escuiers; Jean Hai, chevalier et chambellan, Dizabet le Jui escuier d'escurie, Eonnet le Pennec, le vicomte du Fou, Bertran de Treal, Olivier de Cleux, Jean de Liscoet, et Pierre de Bonabri; Boslan et GICQUEL, escuiers pris par ceux de Craon.,.

Histoire de Bretagne, par Dom Gui-Alexis Lobineau, t. I, p. 592.

Serment de fidélité prêté au duc de Bretagne par N. Gicquel et les autres nobles de l'évêché de Tréguier.

ANNÉE 1437.

A touz ceulx qui ces présentes lettres verront et orront, salut. Nous les chevaliers et escuyers de l'evesché de Treguer et du terrouer de Gaellou, dont nos noms sont cy-après dessoulz soubscriptz, comparuz et assemblez devant noble escuyer Yvon de Rosserff, seigneur des Sales, conseiller et maistre d'hostel du duc nostre souverain seigneur, et de par luy et son grand conseill commis et ordenné pour prendre et recevoir en ceste partie les serments des points ci-après desclerez, et autre partie du terrouer de Gouellou et d'ailleurs hors l'eveschié de Treguer, pour ce assemblez, certiffions o toute humilité et vraie obéissance, après avoir oüy publier l'ordrenance de nostre souverain sei-

gneur, selon la commission de sondit maistre d'hostel, avecques
les points dessusdits à chacun de nous venus à connoissance et
desclerez ; nous avons juré et par ces présentes jurons à Dieu et
ez saintes évangiles, etc. Fait en l'an 1437. N. Gicquel, Philippe
de Coetrieu, Henri de Quellen, Guillaume Penhoët, Jehan Le
Roux, Pierres du Pré, etc. etc.

Histoire de Bretagne, par Dom Lobineau, t. II, p. 1051.

DOCUMENT XV, page 19.

Lettre de Pas pour Pierre d'Urfé allant contre les Turcs.

ANNÉE 1481.

Franciscus Dei gratia Britannie dux, universis salutem. Pro
nonnullis grandibus remque publiquam Christianam concernen-
tibus, ac plerisque nostris negotiis, mitimus in presentiarum ad
sanctissimum Pontificem et sedem apostolicam legatum et ora-
torem nostrum magnificum nobilem et eximium virum Petrum
d'Urfé, dominum dicti loci d'Urfé, magnum scutiferum, cubila-
rium et consiliarum nostrum, vite siquidem probate virtutis, et
ob id suisque preclaris meritis nobis carissimum, qui etiam
expleta sua apud dictam sedem legatione intendit se ad christia-
nitatis loca que jam ab infidelibus occupantur confere atque

9

inibi fortiter pro christiana religione, auctore Domino dimicare dignissimus certe et christianissimus miles, qui sanguinem, vitam et animam quam a creatore accepit, summo studio ipsi creatori rependere conatur, etc. etc. Signatum. Radulphus Giquell et Guillelmus Chemin, apostolica et imperiali auctoritatibus notarii publici. (Tit. de l'Église de Nantes.)

Histoire de Bretagne, par Dom Lobineau, t. II, p. 1397.

DOCUMENT XVI, PAGE 26.

Jamet Gicquel fut de ceux qui suivirent en France le duc de Bretagne et reçurent une indemnité de voyage.

10 AVRIL 1418.

Ordonnance au duc pour le paiement de ceux qui le suivoient en son voyage de France.

Cy-après ensuyvent les noms des seigneurs chevaliers, chevetaines, gensdarmes et autres que monseigneur le duc mène avec luy en ce présent voyage de France, qu'il encommence de faire pour le bien de la paix générale et union du royaume de France, sans y comprendre nul des gens de l'ordennance de son hostel, lesquels mondit seigneur a fait payer à Angiers, tant des estats de leurs personnes que des gages leur ordonnez par mondit seigneur, pour un moys commencé le X jour d'avril l'an

MCCCCXVIII par maistre Salmon Periou, argentier et miseur dudit voyage, selon et en la manière cy-après déclarée. Premier au comté de Penthièvre pour sa personne CXX liv... Jean de l'Isle, Eustache de la Houssaye, Jehan de Beaumanoir, Eustache de Plumaugat, Olivier Ferron, Raoulet l'Ermine, Jehan Chaoursin, Guillaume Gruel, Robert de Melece, Jehan de Launay, JAMET GICQUEL, Macé de Lourme, chacun XII livres, etc., etc.

Histoire de Bretagne, par Dom Lobineau, t. II, p. 925.

DOCUMENT XVII, PAGES 28-31.

Extrait des registres de la chambre établie pour la réformation de la Noblesse du païs et duché de Bretagne par lettres patentes de Sa Majesté, du mois de janvier mil six cent soixante et huict, vérifiées en Parlement.

DU 29 MAI 1669.

Entre le Procureur général du Roy demandeur, d'une part, et escuier François de Querel, sieur dudit lieu et de Kergarts, fils et héritier principal et noble de défunct escuier Hervé de Kerel, son père, demeurant à sa maison noble de Kerrel, paroisse de Credin ; escuier Julien de Kerrel, sieur du Couet du Bras, sénéchal et seul juge de la jurisdiction de Rohan, demeurant en la ville de Rohan, paroisse dudit lieu ; escuier Jean de Kerrel,

sieur de Sainct-Malo, demeurant au village de Keraudren, dite
paroisse de Crédin; et escuier Jacques de Kerrel, sieur de
Kerhais, demeurant à sa maison de Kergarts, paroisse de Requigni;
lesdits Jullien, Jan et Jacques de Kerrel, juveigneurs dudit
François, les tous demeurants soubs la jurisdiction roialle de
Ploermel; noble et discret Pierre Gicquel, sieur du Nédo et de
Kergrugner, chanoine de l'église cathédrale de Vannes, fils et
héritier principal et noble de deffunct escuier Pierre Gicquel,
son père, lieutenant au présidial de Vannes, et escuier Sébastien
Gicquel, sieur de Kermainguy, en son nom et comme curateur
honoraire aux causes d'escuier Jan Giquel, son frère, absent du
royaulme pour le service du Roy, mineur émancipé d'aage, lieutenant d'une compagnie d'infanterie du régiment de Bretagne;
lesdits Sébastien et Jan Giquel, frères juveigneurs dudit Pierre,
demeurants lesdits Pierre et Sébastien en la ville de Vannes,
paroisse de Saincte-Croix soubz ledict evesché et ressort de
Vannes, deffendeurs d'autre part;

Veu par ladicte chambre l'extrait de comparution faicte par
maistre Joseph Chupeau, procureur desdits de Kerrel et Giquel,
deffendeurs au greffe d'icelle le treiziesme may mil six cents
soixante et neuf, contenant sa déclaration de soustenir pour eux
les qualitez de noble et d'escuier par eux et leurs prédécesseurs
prise, comme estant issus d'antienne extraction noble et de
porter pour armes : « de gueules, à une croix pleine d'argent
cantonnée de quatre cygnes de mesme, membrés de sable »;
ladicte déclaration signée le Clavier, greffier. Induction d'actes
et titres au soustien de la qualité desdits nobles escuiers François
de Kerrel, sieur de Kergars et de Kerrel; Jullien, Jean et Jacques
de Kerrel, sieurs de Couet du Bras, de Sainct-Malo et de Kerhais,
et de noble et discret Pierre Giquel, sieur du Nédo et de Kergru-

gner, chanoine de l'église cathédrale de Vannes, escuier Sébastien Giquel, sieur de Kermainguy, en son nom et comme curateur honoraire aux causes d'escuier Jean Giquel, sieur de Caslan,
absent du royaulme pour le service du Roy, faisant pour luy,
lesdits Sébastien et Jan, juveigneurs dudict sieur Giquel ; ladicte
induction soubz le seing de Kerrel, Séb. Giquel et Chupeau, leur
procureur, fournie audit procureur général du Roy par Busson,
huissier en la cour, le quatorziesme may mois et au présent
mil six cents soixante et neuf, tendante et par les conclusions y
prinses à ce que lesdits deffendeurs, tant du nom de Kerrel que
de celluy de Giquel soient maintenus aux qualités de nobles et
d'escuiers d'antienne extraction et comme tels emploiez au rolle
des gentilshommes de cette province ; soubz les sénéchaussées de
Ploermel et de Vannes pour jouir des droicts, franchises, immunités, armoiries, timbres et escussons ainsi qu'il appartient aux
véritables nobles, suivant ladicte précédente déclaration, et de
porter pour armes : « de gueules, à une croix pleine d'argent
cantonnée de quatre cygnes de mesme, membrés de sable » ; pour
établir la justice desquelles conclusions sont articullez faicts de
généalogie qu'ils tirent leur origine de la maison noble de Kergars, située en la paroisse de Requigni, évesché de Vannes, dans
laquelle leurs ancestres ont vescu noblement ; le premier des-
quelz auquel ils font leur attache est Ollivier Giquel ; avant cet
Ollivier se voit un Jamet Giquel, emploié au rolle des gentilshommes qui accompagnèrent le duc Jan cinquiesme au voiage
qu'il fist en France ; avant ce Jamet se voict un Guillaume
Giquel, compris dans l'association des nobles qui fut faicte en
treize cents soixante et dix-neuf, pour la garde de la ville de
Rennes soubz Jan quatriesme dict le Conquérant ; que de Ollivier
auquel les deffendeurs s'attachent, issut Guillaume Giquel que

l'on nommera premier du nom; que dudict Guillaume et de damoiselle Marie Madio, sa femme, issut Guillaume, second du nom, sieur de Kergars, Charles, Janne et Beatrixe Giquel; duquel Guillaume second et de damoiselle Marguerite le Moulnier, sa femme, issurent Guyon Giquel, escuier, sieur de Kergars et Marie Giquel; duquel Guyon et de damoiselle Anne de Bezic issut deux enfants, Jan, fils aisné, héritier principal et noble et Nicollas Giquel, son frère juveigneur, devenu aisné par le décedz dudict Jan, son frère aisné, lequel Nicollas par lettres du prince changea le surnom de Giquel en cellui de Kerrel; que dudict Nicollas et de damoiselle Janne du Housle, sa femme, issurent Robert de Kerrel, escuier, sieur dudict lieu et de Kergars; Jan de Kerrel, damoiselle Janne de Kerrel, qui fut mariée à escuier Raoul de Larlan, sieur de Kerbourhis, et damoiselle Magdelaine de Kerrel, qui fut mariée à escuier Jean Marigo, sieur de Kerguivio; que dudict Robert aisné et de damoiselle Anne de la Haye, sa femme, issurent Hervé de Kerrel, leur fils aisné, héritier principal et noble, et damoiselle Jeanne de Kerrel; que dudict Hervé de Kerrel sieur dudict lieu de Kergars et de damoiselle Yvonne Houssaye, sa femme, sont issus lesdits François de Kerrel, escuier, sieur dudit lieu et de Kergars, Jullien, Jan et Jacques de Kerrel, ses frères juveigneurs; que reprenant la branche de Charles, fils dudict Guillaume, premier du nom et frère puisné dudict Guillaume second du nom, est aussi articullé que de son mariage avec damoiselle Françoise de Villiers, dame de Kergueris, sa femme, issurent Jan Giquel, sieur de Kergueris, leur fils aisné, héritier principal et nóble, qui fut lieuteuant au siége d'Auray et conseiller au présidial de Vannes, et Pierre Giquel, leur puisné; que dudict Jan Giquel aisné et de damoiselle Janne de Kérisec est issue Françoise Giquel, leur fille unique, héritière principale et noble, qui fut mariée à escuier Pierre Coué, sieur du Brossay; que dudict Pierre Giquel, frère puisné dudict Jean et de son mariage avec damoiselle Janne le Livec, sa femme, issut François Giquel, escuier, sieur de Kergrugner, alloué du siège d'Auray et lieutenant général au présidial de Vannes; que dudict François et de damoiselle Françoise le Gouvello, sa compagne, est issu Pierre Giquel, escuier, sieur du Nedo, gentilhomme de la reine mère deffuncte et lieutenant général au présidial de Vannes; que dudict Pierre et de dame Renée Gouyon, son espouze, sont issus lesdits nobles et discret Pierre Giquel, chanoine en l'église cathédrale de Vannes, sieur du Nédo et de Kerguigner, leur héritier principal et noble, Sébastien Giquel, escuier, sieur de Kermainguy et Jan Giquel, escuier, sieur de Caslan, lieutenant du régiment de Bretagne ; pour preuve de laquelle généalogie et commençant par la branche des de Kerrel aisnez sont rapportez aux fins de ladicte induction les actes qui ensuivent.

Sur les degrés desdits Guillaume et Jamet Giquel rapporte deux pièces. La première est un extraict tiré du livre huitième de l'*Histoire d'Argentré*, chapitre ccxc, p. six cents quarante et un, par lequel se voit que Guillaume Giquel est compris dans l'association des nobles qui fut faicte en trèze cents soixante et dix neuf pour la garde de la ville de Rennes soubz Jan quatriesme, dict le Conquérant.

Un roolle des noms des seigneurs, chevalliers, chevetaines et gens d'armes que mena le duc Jan cinquiesme au voiage qu'il fist en France; auquel roolle se voict emploié Jamet Gicquel, ledict roolle en datte de l'an quattorze cents dix huict, signé au collationné du vingt-septiesme febvrier mil six cents quarante et sept, F. Botherel Keruel, notaire royal, et le Gueuderff, notaire roial.

Sur le degré dudict Ollivier, rapporte un cahier d'extraicts levé en forme, de la chambre des comptes de ce païs datté au deblivrement du dix-huictiesme novembre mil six cents soixante et huict, dans lequel folio deux recto soubz est escript la paroisse de Requigni en l'an mil quatre cents quarante et un au rang des nobles de ladicte paroisse Ollivier Gicquel, demeurant en son ostel de Kergars, et, au folio deux verso, en la refformation de mille quatre cents quarante et huict, faicte de l'évesché de Vannes soubz le rapport de ladicte paroisse de Requigni est escript : « Ollivier Giquel, nobles homs, demeurant en son hostel de Kergars, etc. [1].

Dossier de Gicquel, fonds bleu; cabinet des titres, bibl. de Richelieu.

DOCUMENT XVIII, PAGE 58.

Extraits des états détaillés relatifs à l'indemnité accordée aux émigrés en 1826.

ANNÉE 1826.

Propriétaire dépossédé.

GICQUEL DUNEDO (*Pierre-Vincent-Gabriel*), émigré.

1. Ce rapport est suivi d'un relevé et d'un résumé de toutes les pièces produites le 29 mai 1669 devant la chambre de réformation de Bretagne par François Gicquel, seigneur de Kergars, Julien de Kerrel, sieur de Coëtdubras, Jean Kerrel,

Ayant droit

Du Bouexie de Guichen (Maxime-Pierre-Luc), petit-neveu du dépossédé et ayant seul droit à l'indemnité,

Montant brut de l'indemnité . . .	276,246 fr. 06
Déduction du passif.	15,000 fr. »
Capital. . .	261,246 fr. 06
Rente. . .	7,837 fr. »

GICQUEL-DUNEDO *(Marie-Julie-Perrine)*, veuve de PIERRE-FRANÇOIS-SAINT-GUILLAUME-ESPRIT-BAZILE CALLOET DE TREGOMMAR, émigrée.

Ayant droit

Du Bouexie de Guichen (Maxime·Pierre-Luc), petit-fils de la dépossédée et ayant seul droit à l'indemnité.

Capital. . .	101,163 fr. 06
Rente . . .	3,035 fr. »

(*États détaillés des liquidations faites au profit des émigrés*, au 1ᵉʳ avril 1826, IIᵉ partie. Morbihan, pages 10-11).

sieur de Saint-Malo, Jacques de Kerrel, sieur de Kerhais (de la branche de Kerrel), et par Pierre Gicquel, sieur du Nédo et de Kergrugner, chanoine de Vannes, Sébastien Gicquel, sieur de Kermainguy, et Jean Gicquel, sieur de Caslan, de la branche du Nédo.

DOCUMENT XIX, PAGE 60.

Extraits de l' « État militaire de la France » (années 1777-1784) du « Tableau historique de la noblesse, par le comte de Varoquier », de l' « Almanach royal » (années 1784, 1785, 1786, 1787, 1788, 1789, 1790) des « États détaillés des liquidations faites au profit des émigrés en 1826, des « archives du ministère de la guerre », établissant que le titre de marquis et de comte fut porté par les Gicquel, seigneurs du Nédo, et notamment par Claude-François Gicquel, seigneur et marquis du Nédo.

GARDES FRANÇAISES.

Capitaines :

Messieurs : Marquis de Sommery.

Marquis de Brabançois.

Comte de Beaurepaire.

Marquis DUNEDO.

Baron de Montejan, etc.

(*Etat militaire de France* pour l'année 1777, par M. de Roussel, page 132.)

DUNEDO (*le marquis*), maréchal de camp le 5 décembre 1781.

(*Tableau historique de la noblesse,* par M. le comte de Waroquier, tome 1er, page 122).

OFFICIERS GÉNÉRAUX DES ARMÉES DE TERRE.

Les noms des officiers sont accompagnés des titres, soit héréditaires, soit de courtoisie et viagers portés sur leurs brevets.

Maréchaux de camp.

1781. GICQUEL DU NÉDO.

(*Nobiliaire et armorial de Bretagne,* par Potier de Courcy, 2ᵉ édition, t. III, p. 174.)

Maréchaux de camp.

(Promotion du 5 décembre 1781.)

M. le *marquis* DUNEDO,   garde française.

M. le baron de Montejean   »

(*État militaire de France* pour l'année 1784, par M. de Roussel, p. 100.)

Maréchaux de camp.

(Promotion du 5 décembre 1781.)

M. le *marquis* DUNEDO.

(*Almanach royal,* année 1790, p. 163.)

Maréchaux de camp.

(Promotion du 5 décembre 1781.)

M. le *marquis* DUNEDO.

(*Almanach royal,* année 1784, p. 162.)

Maréchaux de camp.

(Promotion du 5 décembre 1781.)

M. le *marquis* DUNEDO.

(*Almanach royal*, année 1785, p. 162.)

Maréchaux de camp.

(Promotion du 5 décembre 1781.)

M. le *marquis* DUNEDO.

(*Almanach royal,* année 1786, p. 163.)

Maréchaux de camp.

(Promotion du 5 décembre 1781.)

M. le *marquis* DUNEDO.

(*Almanach royal,* année 1787, p. 163.)

Maréchaux de camp.

(Promotion du 5 décembre 1781).

M. le *marquis* DUNEDO.

(*Almanach royal,* année 1788, p. 163.)

Maréchaux de camp.

(Promotion du 5 decembre 1781.)

M. le *marquis* DUNEDO.

(*Almanach royal,* année 1789, p. 164.)

Claude-François Gicquel est qualifié « comte du Nédo », dans l'état des liquidations relatives aux émigrés en 1826.

Propriétaire dépossédé.

Gicquel, comte du Nédo (*Claude-François*), émigré.

Ayant droit.

Dubouexie de Guichen (Maxime-Pierre-Luc), ayant seul droit à l'indemnité par le décès de sa mère et de madame de Guerry, sa tante.

Montant brut de l'indemnité. . . 159,109 fr. 15

Rente. . . 4,673 »

(*États détaillés des liquidations faites au profit des émigrés*, 2ᵉ compte, partie, 1826, Côtes-du-Nord, p. 6-7.)

DOCUMENT XX, PAGE 60.

État des services de CLAUDE-FRANÇOIS GICQUEL, *marquis du Nédo, délivré par le ministère de la guerre.*

AVANT ET APRÈS 1781.

Nom et signalement du militaire : MARQUIS DU NÉDO (CLAUDE-FRANÇOIS GICQUEL), fils de François et d'Élisabeth Maclodie Le Meilleur, né le 1ᵉʳ novembre 1721, à Vannes (Bretagne).

Détail des services.

Gentilhomme à drapeau au régiment des gardes françaises, 12 juin 1741.

2ᵉ enseigne, le 17 juillet 1743.

1ᵉʳ enseigne, le 6 mars 1744.

Sous-lieutenant, le 19 février 1745.

Lieutenant, le 2 mars 1755.

Rang de colonel, le 22 mai 1763.

Capitaine, le 10 septembre 1769.

Brigadier, le 1ᵉʳ mars 1780.

Maréchal de camp, 5 décembre 1781.

A obtenu une pension de 7,000 francs, le 15 décembre 1782.

Campagnes.

De 1742 à 1748 ;

En Allemagne, 1760 et 1761.

Blessures.

A été blessé à la bouche et a reçu une contusion à la jambe à la bataille d'Ettingen.

(Copie en due forme, délivrée le 9 avril 1877, par le directeur général des archives du ministère de la guerre.)

DOCUMENT XXI, PAGE 61.

Mention de Claude-François Gicquel et de son frère Pierre-Vincent-Gabriel sur la liste des émigrés.

2 JUILLET 1793.

DUNEDO cadet (surnom) GICQUEL, département du Morbihan, municipalité de Vannes; district : Vannes, Hennebon, Auray, municipalité de Vannes, Baden, Plaudren, Monternam, Plounines, Arrey, Adeven, Landevant, Plancret, Landant; émigré du 2 juillet 1793.

DUNEDO aîné (surnom) GICQUEL, municipalité de Vannes, département du Morbihan, district d'Auray, municipalité, Crach, Loconal, Plongoumelen, Baden, Arzal et Rosternen. Ce dernier lieu est du département des Côtes-du-Nord; émigré du 2 juillet 1793[1].

(*Liste des émigrés*, édition in-fol., t. II, p. 61-65)

1. Claude-François et Pierre-Vincent-Gabriel Gicquel vinrent en Allemagne rejoindre l'armée des princes. Nous regrettons de n'avoir pu nous procurer la date de leur mort. Il nous a été dit que l'un d'eux mourut à l'étranger. Nous ne saurions toutefois le garantir. Quoi qu'il en soit, aucun des deux frères n'existait, en 1826, à l'époque de la distribution du milliard d'indemnité.

Document XXII, page 61.

Protestation de l'ordre de la noblesse de Bretagne.

Année 1789.

Nous, soussignés, gentilhommes bretons, composant l'ordre de la noblesse, convoqués, suivant les formes anciennes, pour assister aux États dudit pays et duché de Bretagne, aux termes des contrats passés entre le roi et lesdits États : . . . .

Protestons contre les résultats du conseil du 27 décembre 1788 et l'arrêt du conseil du 3 janvier 1789, pour la conservation de nos droits particuliers et pour les intérêts de la noblesse du royaume, dont les nôtres ne peuvent être séparés.

Claude-Francois Gicquel Dunedo.

Pierre-Vincent-Gabriel Gicquel Dunedo.

(*Catalogue des gentilshommes de Bretagne,* par MM. Louis de La Roque et Édouard de Barthélemy, p. 37.)

Document XXIII, page 87.

Amaury Gicquel, *seigneur de La Holière, était attaché, en 1415, à la maison d'Arthur, duc de Bretagne, et contre-signa en cette qualité l'acte ci-dessous se rapportant au siège de Parthenay.*

Année 1415.

« Nous Artur fils du duc de Bretaigne, comte de Richemont, connoissons et certiffions par ces présentes à tous ; que de nostre ordonnance et exprès commandement Jehan de Chasteaugiron, nostre secretaire et tresorier, a baillé et paié à nostre acquit pour le payement de la Soudaierie de DCCCXIII hommes d'armes pour domi-mois, estants avec nos capitaines de Bretaigne à nostre siege de Partenay; scavoir est à Pierre de la Tousche CXVIII hommes d'armes, à Estienne de Verrières XLX, à Thomas Treffily LXXXVI, à Jehan Guymar CIV, à Pierre Hengier XXVII, à Olivier Morven XXXI, à Pierre Boschier CII, à Rolland Hingant CIV, à Pierre Perceval XLV, et à messire Guillaume de la Forest, nostre mareschal. CLI, qui montent pour le payement de my-mois, comme dit est, la somme de VI mille XCVII livres X. s. tourn. de laquelle somme nous nous tenons pour contens et en quittons nostre dit secretaire. En temoing de ce avons mis et apposé à ces présentes nostre scel et sein manuel le X d'octobre MCCCCXV. Artur. Plus bas, Par Monseigneur le Comte, de son commandement, presens messire Guillaume de la Forest, maistre AMAURY GICQUEL, frère Eustace Cuilli, Jamet, de la chambre des comptes de Nantes.

(*Histoire de Bretagne,* par Dom Lobineau, t. II, p. 903.)

DOCUMENT XXIV, PAGE 99.

Extrait relatif aux branches du Coudray et de Lourme.

ANNÉE 1513.

Plumeleuc.

1513. JULIEN GICQUEL, seigneur de Lourme, a led. lieu de Lourme, que fist faire RAOUL DU LEUX et BÉATRIX GICQUEL, sa feme,

10

qui estoint du sort des contributifs, et y a joint plusieurs rotures et veut les affranchir.

Noble damoiselle GUILLEMETE CHEF DEMAILL, mère dudit Julien Gicquel, tient quelques acquisitions roturières et les veut exempter.

Plumeleuc.

1513. COLLAS GICQUEL, fils de feu *Bertrand Gicquel*, seigneur du Coudroy, a, dans lad. paroisse, ledit lieu, par succession de feu GUILLAUME GICQUEL, ieul dud. Collas, qui aporta un feu de rabat et fut dit qu'il n'y auroit que le fils aisné exempt et noble; outre, le feu Bertrand Gicquel acquit plusieurs rotures qu'on veut exempter, et demeura dud. feu Guillaume Gicquel : BERTRAND, JACQUES et JACQUNE GICQUEL, quelle Jacquine tient de son père, environ vingt journaux de terre francs, parce quelle est feme de noble home Raoullet Bertrand seigneur de la Rollays.

(*Évesché de Saint-Malo, ancienne réformation...* Manuscrit ayant appartenu à M. Charles Cunat... Publiés par M. Henri Des Salles, p. 273-274).

Constantin imprimeur
S Benoit, 7 à Paris

www.ingramcontent.com/pod-product-compliance
Lightning Source LLC
Chambersburg PA
CBHW070815250626
47170CB00006B/2109